中等职业教育改革创新示范教材
国家示范性中等职业学校重点建设专业教材

Qiche Fadongji Weixiu Shixun Jiaocai
汽车发动机维修实训教材

（第二版）

朱 军　汪胜国　黄元杰　主 编

人民交通出版社股份有限公司
China Communications Press Co.,Ltd.

内 容 提 要

本书是国家示范性中等职业学校重点建设专业教材，内容涵盖了发动机拆装、检测共30个实训课教学任务。

本书适合中等职业学校汽车运用与维修专业的学生使用。

图书在版编目（CIP）数据

汽车发动机维修实训教材 / 朱军，汪胜国，黄元杰主编. —2版. —北京：人民交通出版社股份有限公司，2017.7

ISBN 978-7-114-13953-6

Ⅰ.①汽… Ⅱ.①朱… ②汪… ③黄… Ⅲ.①汽车—发动机—车辆修理—中等专业学校—教材 Ⅳ.①U472.43

中国版本图书馆CIP数据核字（2017）第145544号

国家示范性中等职业学校重点建设专业教材

书　　名：	汽车发动机维修实训教材（第二版）
著 作 者：	朱　军　汪胜国　黄元杰
责任编辑：	李　良
出版发行：	人民交通出版社股份有限公司
地　　址：	（100011）北京市朝阳区安定门外外馆斜街3号
网　　址：	http://www.ccpress.com.cn
销售电话：	（010）59757973
总 经 销：	人民交通出版社股份有限公司发行部
经　　销：	各地新华书店
印　　刷：	北京市密东印刷有限公司
开　　本：	880×1230　1/16
印　　张：	14.75
字　　数：	394千
版　　次：	2010年8月　第1版 2017年7月　第2版
印　　次：	2017年7月　第2版　第1次印刷　累计第8次印刷
书　　号：	ISBN 978-7-114-13953-6
定　　价：	34.00元

（有印刷、装订质量问题的图书由本公司负责调换）

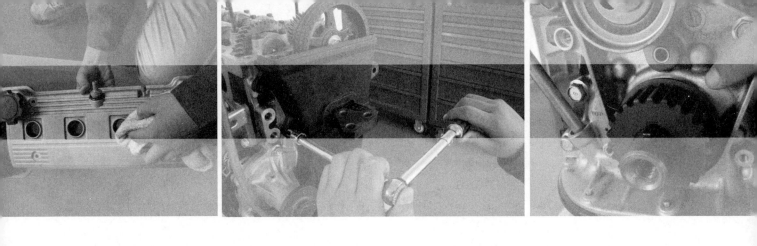

国家示范性中等职业学校重点建设专业教材

专家委员会

专家委员： 赵丽丽　朱　军　李东江　刘　亮　林邦安　王志勇
卞良勇　焦建刚

编写委员会

编写委员： 陈建惠　黄元杰　顾雯斌　陆志琴　孟华霞　方志英
方作棋　王成波　忻状存　颜世凯　林如军　王瑞君
汪胜国　麻建林　徐宏辉

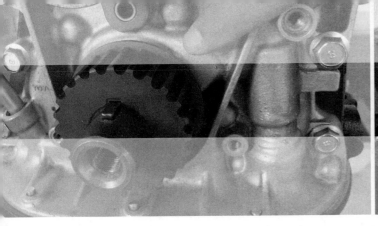

序

  我国的汽车保有量急剧增加，公路交通建设快速发展，这对汽车维修等汽车后市场的发展提出了更高的要求。近年来，尽管我国职业教育取得了很大的成就，但是有些职业院校的教学并没有完全反映企业的实际需求和学生的职业发展规律。职业教育的"职业性"不强，这已成为困扰职业教育适应行业企业发展需要的瓶颈问题。

  事实上，这并不是我国所独有的问题，世界各国和地区也都在通过不同手段探索相应的解决方案。20世纪末，大众、宝马、福特、保时捷等六大国际汽车制造巨头曾在德国提出过一个《职业教育改革七点计划》，建议职业教育应在以下七个方面做出努力：

  1. 加强文化基础教育——为青年人的生涯发展打下良好基础，包括掌握基本文化基础和关键能力。

  2. 资格鉴定考试中加强定性评估——将职业资格鉴定与企业人力开发措施结合起来，资格考试按照行动导向和设计（Shaping）导向的原则进行。

  3. 传授工作过程知识——职业院校应针对特定的工作过程传授专业知识，采用综合性的案例教学，并着力培养团队能力。

  4. 学校和企业功能的重新定位——通过学校和企业的共同努力，提高职业教育质量：学校是终身学习的服务机构，企业成为学习化的企业。

  5. 采用灵活的课程模式——通过核心专业课程奠定统一而扎实的专业基础，必要时包含具有地方和企业特征的教学内容。

  6. 职业教育国际化——建立学校教育和企业培训质量互认，促进各国职业资格证书的可比性和透明度。

  7. 促进校企合作的发展——企业和职业院校合作创办高水平职业教育机构，促进贴近工作岗位的职业教育典型实验和相关研究。

  这一建议至今看来都有十分重要的借鉴意义。职业院校以市场和需求为导向的课程和教材建设，应当从专业所面向的职业工作任务出发，明确学习目标和学习内容，从而为学生的就业和职业生涯发展奠定必要的基础，这不论是在理论上还是实践上都面临着巨大的挑战。这里不仅要引入先进的职业教育理念，需要丰富的职业实践经验，而且需要把先进、实用的技术有针对性地与职业院校的教学工作有机结合起来。

  中国汽车工程学会组织编写的这套教材在以上方面进行了有益的探索。教材充分利用了"蕴藏在实际工作任务的教和学的潜力"，按照工作组织安排学习，可以为学习者提供面向实际的学习机会。希望这套教材的出版不但能帮助职业院校更快、更好、更容易地培养出社会亟需的技能型人才，而且也能为我国职业教育的教学改革提供有价值的经验。

北京师范大学职业与成人教育研究所

第二版前言

本套教材第一版的编写是由中国汽车工程学会汽车应用与服务分会与宁波市鄞州职业高级中学于2010年合作完成的。中国汽车工程学会汽车应用与服务分会的指导专家主要从"教什么"入手，结合一线教师企业调研提炼汽车维修的"典型工作任务"，之后围绕这些典型工作任务逐项提升教师自身的动手能力；在帮助教师熟练掌握维修技能后，指导他们将典型工作任务转化为学习任务，并据此设计课程，编写教材，解决了"怎么教"的问题。教材自出版以来，反馈良好，已数次重印。

近年来，汽车行业飞速发展，职教改革不断深入，对汽车专业的教学提出了新的要求，因此，我们于2016年下半年启动了本套教材的修订工作。本次修订结合了一线教师教学过程的总结与企业实践的思考，对第一版中部分不尽合理的操作步骤做了调整，对表述不规范的地方做了修改，对读者反馈的问题做了梳理，使内容更加规范合理，更加贴近教学要求，旨在为汽车职业教育教学提供更好的服务。

本套教材的内容包含了最基本的汽车维护实训项目，最典型的发动机维修、发动机电控系统故障诊断、汽车底盘和车身电器检测实训项目，以及为完成以上维修项目所必须掌握的汽车维修基础技能实训项目。在实训项目的选取上，本套教材紧扣中等职业学校汽车维修专业的培养目标，充分体现"必需、够用"原则，同时完全贴合教育部"全国职业院校技能大赛"中职汽车维修专业的比赛项目。

本套教材图文并茂地展现了技能教学的全过程，极大提升了教学的形象化和直观化，同时在每个步骤中都有要领提示，强化了汽车维修作业的规范性和作业技巧。在教学过程中，注重体现了汽车服务企业的5S管理，以使学生在掌握技能的同时提高职业素养。在每个任务的后面还给出了技能考核的参考标准，以便于教学效果的考评。

本书由朱军、汪胜国、黄元杰担任主编。

限于编者的经历和水平，书中难免有不妥或错误之处，敬请广大读者批评指正，提出修改意见和建议，以便再版修订时改正。

编 者
2016年12月

目录 CONTENTS

任务1 拆卸外围设备（一）
- 一、任务说明 ················· 1
- 二、实训时间：20min ········· 1
- 三、实训教学目标 ············· 1
- 四、实训器材 ················· 2
- 五、教学组织 ················· 2
- 六、操作步骤 ················· 2
- 七、考核标准 ················· 6

任务2 拆卸外围设备（二）
- 一、任务说明 ················· 7
- 二、实训时间：20min ········· 8
- 三、实训教学目标 ············· 8
- 四、实训器材 ················· 8
- 五、教学组织 ················· 8
- 六、操作步骤 ················· 9
- 七、考核标准 ················ 12

任务3 拆卸外围设备（三）
- 一、任务说明 ················ 14
- 二、实训时间：20min ········ 15
- 三、实训教学目标 ············ 15
- 四、实训器材 ················ 15
- 五、教学组织 ················ 15
- 六、操作步骤 ················ 15
- 七、考核标准 ················ 19

任务4 拆卸外围设备（四）
- 一、任务说明 ················ 21
- 二、实训时间：20min ········ 21
- 三、实训教学目标 ············ 22
- 四、实训器材 ················ 22
- 五、教学组织 ················ 22
- 六、操作步骤 ················ 22
- 七、考核标准 ················ 27

任务5 拆卸外围设备（五）
- 一、任务说明 ················ 28
- 二、实训时间：15min ········ 28
- 三、实训教学目标 ············ 28
- 四、实训器材 ················ 29
- 五、教学组织 ················ 29
- 六、操作步骤 ················ 29
- 七、考核标准 ················ 32

任务6 拆卸配气机构（一）
- 一、任务说明 ················ 33
- 二、实训时间：20min ········ 33
- 三、实训教学目标 ············ 33
- 四、实训器材 ················ 33
- 五、教学组织 ················ 34
- 六、操作步骤 ················ 34
- 七、考核标准 ················ 38

任务7 拆卸配气机构（二）
- 一、任务说明 ················ 39
- 二、实训时间：25min ········ 40
- 三、实训教学目标 ············ 40
- 四、实训器材 ················ 40

五、教学组织 ……………… 40
　　六、操作步骤 ……………… 41
　　七、考核标准 ……………… 44

任务8　拆卸配气机构（三）
　　一、任务说明 ……………… 46
　　二、实训时间：40min ……… 46
　　三、实训教学目标 ………… 46
　　四、实训器材 ……………… 47
　　五、教学组织 ……………… 47
　　六、操作步骤 ……………… 47
　　七、考核标准 ……………… 50

任务9　拆卸润滑系统部件
　　一、任务说明 ……………… 51
　　二、实训时间：20min ……… 52
　　三、实训教学目标 ………… 52
　　四、实训器材 ……………… 52
　　五、教学组织 ……………… 52
　　六、操作步骤 ……………… 52
　　七、考核标准 ……………… 56

任务10　拆卸活塞连杆组
　　一、任务说明 ……………… 58
　　二、实训时间：30min ……… 58
　　三、实训教学目标 ………… 58
　　四、实训器材 ……………… 58
　　五、教学组织 ……………… 59
　　六、操作步骤 ……………… 59
　　七、考核标准 ……………… 63

任务11　拆卸曲轴
　　一、任务说明 ……………… 64
　　二、实训时间：15min ……… 64
　　三、实训教学目标 ………… 64
　　四、实训器材 ……………… 64
　　五、教学组织 ……………… 65
　　六、操作步骤 ……………… 65
　　七、考核标准 ……………… 67

任务12　检测汽缸体
　　一、任务说明 ……………… 68

　　二、技术标准与要求 ……… 68
　　三、实训时间：60min ……… 69
　　四、实训教学目标 ………… 69
　　五、实训器材 ……………… 69
　　六、教学组织 ……………… 69
　　七、操作步骤 ……………… 69
　　八、考核标准 ……………… 74

任务13　检测活塞连杆组
　　一、任务说明 ……………… 75
　　二、技术标准与要求 ……… 76
　　三、实训时间：60min ……… 76
　　四、实训教学目标 ………… 76
　　五、实训器材 ……………… 76
　　六、教学组织 ……………… 76
　　七、操作步骤 ……………… 77
　　八、考核标准 ……………… 84

任务14　检测曲轴
　　一、任务说明 ……………… 85
　　二、技术标准与要求 ……… 86
　　三、实训时间：40min ……… 86
　　四、实训教学目标 ………… 86
　　五、实训器材 ……………… 86
　　六、教学组织 ……………… 86
　　七、操作步骤 ……………… 87
　　八、考核标准 ……………… 93

任务15　检测凸轮轴（一）
　　一、任务说明 ……………… 94
　　二、技术标准与要求 ……… 94
　　三、实训时间：30min ……… 95
　　四、实训教学目标 ………… 95
　　五、实训器材 ……………… 95
　　六、教学组织 ……………… 95
　　七、操作步骤 ……………… 96
　　八、考核标准 ………………101

任务16　检测凸轮轴（二）
　　一、任务说明 ………………103
　　二、技术标准与要求 ………104
　　三、实训时间：40min ………104

四、实训教学目标 …………………104
五、实训器材 …………………………104
六、教学组织 …………………………105
七、操作步骤 …………………………105
八、考核标准 …………………………111

任务17 检测气门组件
一、任务说明 …………………………112
二、技术标准与要求 …………………113
三、实训时间：60min ………………113
四、实训教学目标 ……………………114
五、实训器材 …………………………114
六、教学组织 …………………………114
七、操作步骤 …………………………115
八、考核标准 …………………………124

任务18 检测汽缸盖
一、任务说明 …………………………125
二、技术标准与要求 …………………125
三、实训时间：30min ………………125
四、实训教学目标 ……………………126
五、实训器材 …………………………126
六、教学组织 …………………………126
七、操作步骤 …………………………126
八、考核标准 …………………………128

任务19 调整气门间隙
一、任务说明 …………………………130
二、技术标准与要求 …………………130
三、实训时间：40min ………………130
四、实训教学目标 ……………………130
五、实训器材 …………………………131
六、教学组织 …………………………131
七、操作步骤 …………………………131
八、考核标准 …………………………135

任务20 安装曲轴
一、任务说明 …………………………136
二、技术标准与要求 …………………136
三、实训时间：20min ………………136
四、实训教学目标 ……………………136
五、实训器材 …………………………136

六、教学组织 …………………………137
七、操作步骤 …………………………137
八、考核标准 …………………………143

任务21 安装活塞连杆组
一、任务说明 …………………………145
二、技术标准与要求 …………………145
三、实训时间：40min ………………145
四、实训教学目标 ……………………145
五、实训器材 …………………………146
六、教学组织 …………………………146
七、操作步骤 …………………………147
八、考核标准 …………………………154

任务22 安装润滑系统部件
一、任务说明 …………………………156
二、技术标准与要求 …………………156
三、实训时间：25min ………………156
四、实训教学目标 ……………………156
五、实训器材 …………………………157
六、教学组织 …………………………157
七、操作步骤 …………………………157
八、考核标准 …………………………162

任务23 安装配气机构（一）
一、任务说明 …………………………163
二、技术标准与要求 …………………163
三、实训时间：50min ………………163
四、实训教学目标 ……………………163
五、实训器材 …………………………164
六、教学组织 …………………………164
七、操作步骤 …………………………164
八、考核标准 …………………………170

任务24 安装配气机构（二）
一、任务说明 …………………………172
二、技术标准与要求 …………………172
三、实训时间：40min ………………172
四、实训教学目标 ……………………173
五、实训器材 …………………………173
六、教学组织 …………………………173

七、操作步骤 …………………………… 174
　　八、考核标准 …………………………… 179

任务25　安装配气机构（三）
　　一、任务说明 …………………………… 180
　　二、技术标准与要求 …………………… 180
　　三、实训时间：40min ………………… 180
　　四、实训教学目标 ……………………… 180
　　五、实训器材 …………………………… 181
　　六、教学组织 …………………………… 181
　　七、操作步骤 …………………………… 181
　　八、考核标准 …………………………… 188

任务26　安装外围设备（一）
　　一、任务说明 …………………………… 190
　　二、技术标准与要求 …………………… 190
　　三、实训时间：30min ………………… 190
　　四、实训教学目标 ……………………… 190
　　五、实训器材 …………………………… 191
　　六、教学组织 …………………………… 191
　　七、操作步骤 …………………………… 191
　　八、考核标准 …………………………… 195

任务27　安装外围设备（二）
　　一、任务说明 …………………………… 197
　　二、技术标准与要求 …………………… 197
　　三、实训时间：30min ………………… 197
　　四、实训教学目标 ……………………… 197
　　五、实训器材 …………………………… 198
　　六、教学组织 …………………………… 198
　　七、操作步骤 …………………………… 198

　　八、考核标准 …………………………… 202

任务28　安装外围设备（三）
　　一、任务说明 …………………………… 204
　　二、技术标准与要求 …………………… 204
　　三、实训时间：40min ………………… 204
　　四、实训教学目标 ……………………… 204
　　五、实训器材 …………………………… 205
　　六、教学组织 …………………………… 205
　　七、操作步骤 …………………………… 205
　　八、考核标准 …………………………… 210

任务29　安装外围设备（四）
　　一、任务说明 …………………………… 212
　　二、技术标准与要求 …………………… 212
　　三、实训时间：30min ………………… 212
　　四、实训教学目标 ……………………… 212
　　五、实训器材 …………………………… 212
　　六、教学组织 …………………………… 213
　　七、操作步骤 …………………………… 213
　　八、考核标准 …………………………… 217

任务30　安装外围设备（五）
　　一、任务说明 …………………………… 219
　　二、技术标准与要求 …………………… 219
　　三、实训时间：30min ………………… 219
　　四、实训教学目标 ……………………… 219
　　五、实训器材 …………………………… 219
　　六、教学组织 …………………………… 220
　　七、操作步骤 …………………………… 220
　　八、考核标准 …………………………… 223

任务 1 拆卸外围设备（一）

一 任务说明

1 通风阀总成（PCV阀体）的材质及作用

通风阀总成一般由塑性材料制成。通风阀总成的作用是将窜入曲轴箱的废气输送给进气歧管，使这些废气重新混合燃烧。

2 气门室罩总成的结构及作用

气门室罩总成一般由加油孔盖、气门室罩分总成、垫片、气门室罩盖螺母和气门室罩盖螺母垫片组成，如图1-1所示。

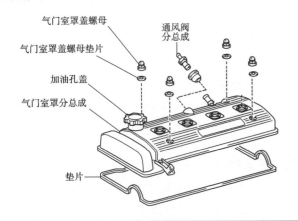

图1-1 气门室罩盖总成的结构图

气门室罩的作用是封闭气门室，防止润滑油渗漏到发动机外部，同时降低发动机运转时产生的噪声。它通常由铝合金材料制成，以利于提高散热性能。气门室罩上安装有曲轴箱通风口和PCV阀，用于曲轴箱通风和机内净化。为加强密封，在气门室罩与汽缸盖接合面之间加装橡胶密封衬垫。气门室罩可能产生的故障是变形和漏油，因此，在拆卸时要注意规范操作以及更换密封衬垫。

3 正时皮带罩盖的结构、作用及材质

正时皮带罩盖一般由正时皮带上、中罩盖和正时皮带上、中罩盖紧固螺栓组成，如图1-2所示。

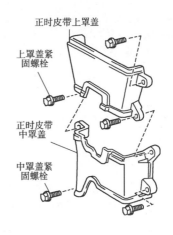

图1-2 正时皮带罩盖的结构图

正时皮带罩盖的作用是对凸轮轴传动机构防尘、防沙、防水、防止润滑油飞溅或泄漏，还可以降低传动噪声。

正时皮带罩盖根据制作材料分成两种类型：塑料型和金属型。塑料型正时前罩由塑料材料制作而成，用于凸轮轴齿形带传动机构；金属型正时前罩多由铝合金材料制成，用于凸轮轴链条或齿轮传动机构，通常在壳体上安装密封装置，如橡胶油封等。正时皮带罩盖的故障主要有因变形引起的碰撞摩擦噪声和润滑油泄漏。丰田8A发动机皮带罩盖由塑料制成，对凸轮轴传动机构以及正时皮带都具有良好的保护作用，但由于其罩盖较薄，在拆装时避免使用蛮力，防止损伤皮带罩盖。

二 实训时间 20min ★★

三 实训教学目标

（1）熟悉通风阀总成、气门室罩以及皮带罩盖的名称、结构和作用；

（2）掌握正确拆卸通风阀总成、气门室罩以及皮带罩盖的方法。

四 实训器材

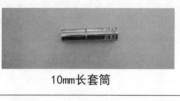
10mm长套筒

棘轮扳手

长接杆

一字螺丝刀

清洁布

鲤鱼钳

塑料锤

五 教学组织

1 教学组织形式

本课程为"工艺化"实训课,实训教师1名,学生24名,实训室共有6个实训工位,按照4人1个工位编组。

2 学生的站位分工和要求

学生按规定的工位站立,按教师的指令同时进行独立操作。

3 实训教师职责

播放教学视频,并讲解实训任务的操作步骤和相关注意事项;下达"开始操作"口令;巡视、检查、指导和纠正学生操作中的错误;课堂总结;组织学生对实训室进行清洁、整理。

4 学生职责

认真观看教学视频;完成教师布置的任务;做好课后的清洁、整理工作。

六 操作步骤

♠ 第一步 拆卸通风阀体

 拆卸通风阀体。

提示:

拆卸前,先用干净的清洁布裹住通风阀外侧,再用鲤鱼钳夹紧通风阀进行拆卸。用清洁布包裹拆卸,主要是为了保护通风阀表面不受损伤。

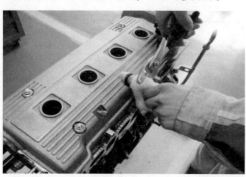

 摆放通风阀体。

提示:

将通风阀分总成放置在零件车的规定位置。

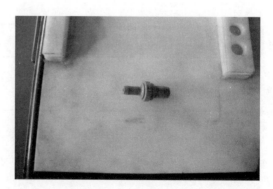

第二步 拆卸气门室罩盖总成

1 拆卸气门室罩盖上的机油盖。

提示：
（1）拆卸时，先拆下机油盖。注意旋松方向，逆时针为旋松；
（2）注意不要损伤机油盖螺纹。

2 按顺序拆卸气门室罩盖螺母。

提示：
严格按照交叉、对称顺序，分多次拆卸气门室罩盖螺母。

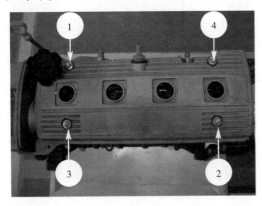

3 选用10mm长套筒、长接杆、棘轮扳手，用工具松动螺母。

提示：
用工具对气门室罩盖总成上的螺母分2～3次进行拧松，拧松到3/4处。

4 用手取下气门室罩盖螺母。

提示：
用手取下气门室罩盖上的4个紧固螺母，并将其放置在零件车的规定位置。

5 选用缠有胶带的一字螺丝刀撬下气门室罩盖垫片。

提示：
（1）撬动时，注意不要损伤气门室罩盖表面；
（2）拆卸后，将其放置到零件车规定位置。

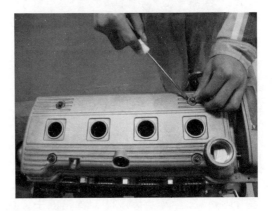

6 选用塑料锤松动气门室罩盖。

提示：
用塑料锤敲击气门室罩盖两侧时，注意不要损伤汽缸盖罩平面。

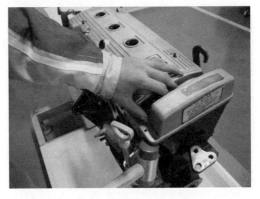

7 用双手将气门室罩盖及其垫片平稳取下。

提示：

用双手将气门室罩盖取下，注意不要损伤凸轮轴紧固螺栓的螺纹。

8 将取下的螺母、密封垫、整个气门室罩盖和气门室罩盖垫片放置在零件车的规定位置。

提示：

将气门室罩及其螺母和垫片正确摆放在零件车上。

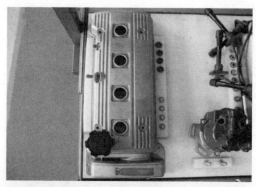

第三步　拆卸皮带罩上罩盖

1 按顺序拆卸皮带罩上罩盖螺栓。

提示：

严格按照螺栓拆卸顺序进行。

2 选用10mm长套筒、长接杆、棘轮扳手，用工具松动螺栓。

提示：

皮带罩上罩盖上面的4个紧固螺栓，拆卸时，螺栓要分2次进行对称旋松，最后用手取下。

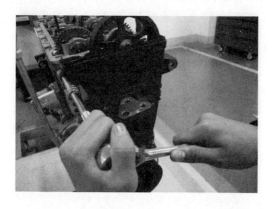

3 用手拆卸皮带罩上罩盖的紧固螺栓。

提示：

（1）拆卸上罩盖上的4个紧固螺栓；
（2）拆卸后将其保管妥当。

4 用双手取下皮带罩盖上罩盖总成。

提示：

用力要小，以免损伤皮带罩上罩盖。

将皮带罩上罩盖及其螺栓放置在零件车的规定位置。

提示:

要正确摆放零件。

第四步 拆卸皮带罩中罩盖

 按顺序拆卸皮带罩中的罩盖螺栓。

提示:

严格按照螺栓拆卸顺序进行。

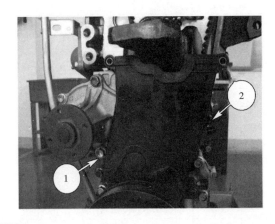

 选用10mm长套筒、长接杆、棘轮扳手,用工具松动螺栓。

提示:

拆卸皮带罩中罩盖上的2个紧固螺栓时,螺栓要分2次进行对称旋松,最后用手取下。

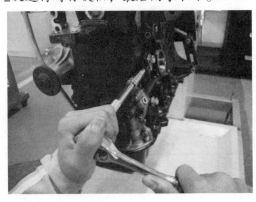

 用手拆卸皮带罩中罩盖的紧固螺栓。

提示:

（1）拆卸中罩盖上的2个紧固螺栓；
（2）拆卸后,将其放置零件车规定位置。

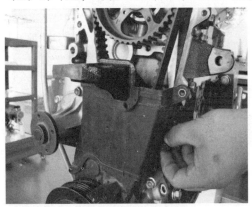

 用双手取下皮带罩盖中罩盖总成。

提示:

用力要小,以免损伤皮带罩中罩盖。

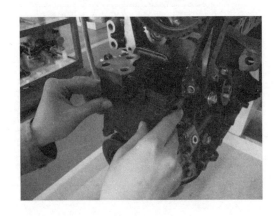

任务 1 拆卸外围设备（一）

5 将皮带罩中罩盖和螺栓放置零件车规定位置。

提示：

要正确摆放零件。

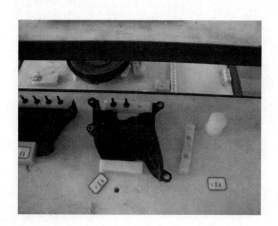

6 清洁、整理工具。

提示：

工具要清洁，整齐地摆放在工具车上。

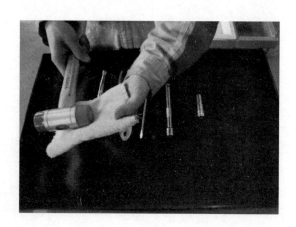

七 考核标准

考 核 标 准 表

考核时间	序号	考 核 项 目	满分	评分标准	得分
20min	1	着装规范	4分	酌情扣分	
	2	作业前整理工位	4分	酌情扣分	
	3	检查拆卸工具是否齐全	4分	检查不到位扣4分	
	4	选用鲤鱼钳和清洁布	4分	工具选取不当扣4分	
	5	正确拆卸通风阀体	8分	操作不当扣8分	
	6	在零件车上正确摆放通风阀体	3分	操作不到位扣3分	
	7	拆卸气门室罩加油盖	4分	操作不当扣4分	
	8	选用10mm套筒、长接杆、棘轮扳手	4分	工具选取不当扣4分	
	9	松动气门室罩盖紧固螺母	6分	操作不当扣6分	
	10	拆卸气门室罩盖的螺母和密封垫	4分	操作不当扣4分	
	11	松动气门室罩盖	4分	操作不当扣4分	
	12	取下气门室罩盖	4分	操作不当扣4分	
	13	在零件车上正确摆放气门室罩盖	3分	操作不到位扣3分	
	14	选用10mm套筒、长接杆、棘轮扳手	4分	工具选取不当扣4分	
	15	松动皮带罩上罩盖的紧固螺栓	6分	操作不当扣6分	
	16	取下皮带罩上罩盖	3分	操作不当扣3分	
	17	在零件车上正确摆放皮带罩上罩盖	3分	操作不到位扣3分	
	18	选用10mm套筒、长接杆、棘轮扳手	4分	工具选取不当扣4分	
	19	松动皮带罩中罩盖的紧固螺栓	4分	操作不当扣4分	
	20	取下皮带罩中罩盖	3分	操作不当扣3分	
	21	在零件车上正确摆放皮带罩中罩盖	3分	操作不当扣3分	
	22	清洁、整理工具	4分	操作不当扣4分	
	23	整理工作台	4分	操作不当扣4分	
	24	安全操作	6分	跌落零件扣2分/次；损坏工具扣2分/次；扣完为止	
	25	其他		每超时1min扣2分，超时5min终止考试	
	26	遵守相关安全规范		因违规操作造成人身和设备事故的，总分按0分计	
		分数合计	100分		

任务 2 拆卸外围设备（二）

一 任务说明

❶ 曲轴皮带轮总成的结构及作用

曲轴皮带轮总成一般由曲轴皮带轮和曲轴皮带轮紧固螺栓组成，如图2-1所示。

图2-1　曲轴皮带轮的结构图

曲轴皮带轮的作用是通过传动带驱动汽车的附属装置，如发电机、水泵、转向助力油泵、空调压缩机等。正确地拆装曲轴皮带轮是防止其变形与损伤的重要措施之一。

❷ 正时皮带下罩盖的结构、作用及材质

正时皮带下罩盖一般由皮带下罩盖和下罩盖紧固螺栓组成，如图2-2所示。

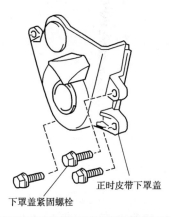

图2-2　正时皮带下罩盖的结构图

正时皮带下罩盖的作用是对凸轮轴传动机构防尘、防沙、防水、防止润滑油油液飞溅或泄漏，还可以降低传动噪声。正时皮带下罩盖的故障主要是因变形引起的碰撞摩擦噪声和润滑油泄漏。丰田8A发动机采用的皮带罩盖由塑料制成，对凸轮轴传动机构以及正时皮带都具有良好的保护作用，但由于其罩盖较薄，在拆装时避免使用蛮力防止损伤皮带罩盖。在拆卸紧固螺栓时，也可以采用对称方式进行拆卸，否则，容易造成罩盖变形。

❸ 正时皮带导轮的材质及作用

正时皮带导轮一般由合金材料制成，如图2-3所示。

图2-3　正时皮带导轮的结构图

正时皮带导轮的作用是在发动机运转的过程中消除曲轴正时皮带的左右摆动，保证正时皮带在凸轮轴正时齿轮上的位置和平稳转动。正时皮带导轮安装在曲轴正时齿轮上，位于曲轴正时齿轮和皮带罩下罩盖之间，与曲轴连接在一起。

❹ 正时张紧弹簧的结构及作用

正时张紧弹簧一般由合金弹簧钢制成，如图2-4所示。

图2-4　正时张紧弹簧的结构图

正时张紧弹簧与正时皮带惰轮连接在一起，对正时皮带起到张紧作用。

二 实训时间：20min

三 实训教学目标

（1）熟悉曲轴皮带轮、正时皮带导轮以及正时张紧弹簧的名称、结构和作用；

（2）掌握正确拆卸曲轴皮带轮、正时皮带导轮以及正时张紧弹簧的方法。

四 实训器材

17mm套筒

短接杆

10mm套筒

指针式扭力扳手

拉拔器

14、17mm梅花扳手

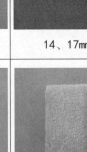

尖嘴钳

清洁布

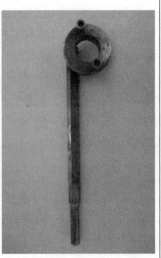

曲轴皮带轮拆装专用工具

棘轮扳手

五 教学组织

1 教学组织形式

本课程为"工艺化"实训课，实训教师1名，学生24名，实训室共有6个实训工位，按照4人1个工位编组。

2 学生的站位分工和要求

学生按规定的工位站立，按教师的指令同时进行独立操作。

3 实训教师职责

播放教学视频，并讲解实训任务的操作步骤和相关注意事项；下达"开始操作"口令；巡视、检查、指导和纠正学生操作中的错误；课堂总结；组织学生对实训室进行清洁、整理。

4 学生职责

认真观看教学视频；完成教师布置的任务；做好课后的清洁、整理工作。

六 操作步骤

🌲 第一步 拆卸曲轴皮带轮

1 首先将1号汽缸设定在压缩上止点位置。转动曲轴皮带轮，将皮带轮槽口对准1号正时皮带罩上的正时标记"0"位置。

检查皮带轮槽口是否对准1号正时皮带罩上的正时标记。

2 检查曲轴正时皮带轮的"K"标记与轴承盖的正时标记是否对准。否则，再转动曲轴一周（360°）。

检查"K"标记与轴承盖的正时标记是否对准。

3 用曲轴皮带轮专用工具和17mm套筒、短接杆、指针式扭力扳手配合松动曲轴皮带轮紧固螺栓。

一位同学用曲轴皮带轮专业拆卸工具固定曲轴皮带轮，另一位同学用指针式扭力扳手松动曲轴皮带轮紧固螺栓。

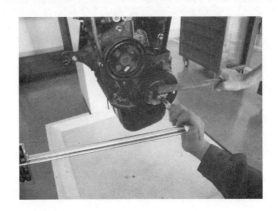

4 选用17mm套筒、短接杆、棘轮扳手，用工具松动皮带轮紧固螺栓。

适当拧松皮带轮紧固螺栓以便用手拆卸。

5 用手取下曲轴皮带轮紧固螺栓。

提示:
（1）旋松时，注意螺栓与螺纹的配合情况；
（2）拆卸后，将其放置在零件车的规定位置。

6 用拉拨器拆卸曲轴皮带轮。

提示：

用拉拨器顶端顶住曲轴皮带轮中心位置，然后将两个拉爪对称固定在曲轴皮带轮外侧，最后旋入顶杆将曲轴皮带轮拉出。

7 用双手从曲轴上平稳取下曲轴皮带轮。

提示：

（1）双手配合进行拆卸；
（2）注意不要使皮带轮掉落，避免人员受伤。

8 将曲轴皮带轮紧固螺栓和曲轴皮带轮放置零件车规定的位置。

提示：

要正确摆放零件。

第二步　拆卸皮带罩下罩盖

1 皮带罩下罩盖螺栓拆卸顺序如下图所示。

提示：

严格按照下罩盖螺栓拆卸顺序进行拆卸。

3 用手取下皮带罩下罩盖的紧固螺栓。

提示：

（1）拆卸下罩盖上的3个紧固螺栓；
（2）拆卸后将其放置在零件车的规定位置。

2 选用10mm套筒、短接杆、棘轮扳手，用工具松动下罩盖紧固螺栓。

提示：

拆卸皮带罩下罩盖上面的3个紧固螺栓时，要分2次进行对称旋松并拆卸，最后用手取下紧固螺栓。

4 用双手取下皮带罩下罩盖总成。

提示:

用力要小,以免损伤皮带罩下罩盖。

5 将取下的皮带罩下罩盖和螺栓放置在零件车的规定位置。

提示:

要正确摆放零件。

★ 第三步 拆卸正时皮带导轮

1 用双手平稳取下正时皮带导轮。

提示:

双手配合取下。

2 将正时皮带导轮放置在零件车的规定位置。

提示:

要正确摆放零件。

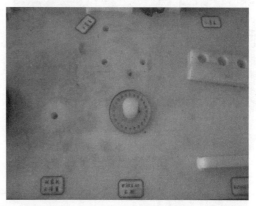

★ 第四步 拆卸正时张紧弹簧

1 如下图所示为张紧弹簧的安装位置。

提示:

在拆卸张紧弹簧之前,必须拧松惰轮的紧固螺栓。

2 选用10mm套筒、短接杆、指针式扭力扳手,用工具松动惰轮紧固螺栓。

提示:

拧松惰轮紧固螺栓但不拆卸。

3 使正时惰轮定位销脱离位置。

提示：

用手摆动正时惰轮，使其定位销脱离定位位置。

4 选用尖嘴钳取下张紧弹簧。

提示：

用尖嘴钳拆卸张紧弹簧在缸体定位杆一侧的拉钩。

5 选用尖嘴钳取下张紧弹簧。

提示：

用尖嘴钳拆卸张紧弹簧在惰轮上一侧的拉钩，取下张紧弹簧，将其放置在零件车的规定位置。

6 清洁、整理工具。

提示：

工具要清洁、整齐地摆放在工具车上。

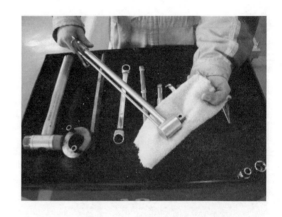

七 考核标准

考 核 标 准 表

考核时间	序号	考 核 项 目	满分	评分标准	得分
20min	1	着装规范	4分	酌情扣分	
	2	作业前整理工位	4分	酌情扣分	
	3	检查拆卸工具是否齐全	4分	检查不到位扣4分	
	4	转动曲轴皮带轮使1号汽缸在压缩上止点位置	6分	操作不当扣6分	
	5	选用17mm套筒、短接杆、指针式扭力扳手和曲轴皮带轮拆装专用工具	2分	工具选取不当扣2分	
	6	松动曲轴皮带轮紧固螺栓	6分	操作不当扣6分	
	7	选用17mm套筒、短接杆、棘轮扳手	2分	工具选取不当扣2分	
	8	拧松并拆卸曲轴皮带轮紧固螺栓	4分	操作不当扣4分	
	9	用拉拔器拆卸曲轴皮带轮	6分	操作不当扣6分	
	10	在零件车上正确摆放曲轴皮带轮	4分	操作不到位扣4分	

续上表

考核时间	序号	考核项目	满分	评分标准	得分
20min	11	选用10mm套筒、短接杆、棘轮扳手	2分	工具选取不当扣2分	
	12	拧松皮带罩下罩盖的紧固螺栓	4分	操作不当扣4分	
	13	取下皮带罩下罩盖	4分	操作不当扣4分	
	14	在零件车上正确摆放皮带罩下罩盖	4分	操作不到位扣4分	
	15	拆卸正时皮带导轮	4分	操作不当扣4分	
	16	在零件车上正确摆放正时皮带导轮	4分	操作不到位扣4分	
	17	选用10mm套筒、短接杆、指针式扭力扳手	2分	工具选取不当扣2分	
	18	松动正时皮带导轮紧固螺栓	4分	操作不当扣4分	
	19	使正时惰轮定位销脱离定位位置	6分	操作不当扣6分	
	20	选用尖嘴钳	2分	工具选取不当扣2分	
	21	拆卸张紧弹簧	4分	操作不当扣4分	
	22	在零件车上正确摆放张紧弹簧	4分	操作不到位扣4分	
	23	清洁、整理工具	4分	操作不当扣4分	
	24	整理工作台	4分	操作不当扣4分	
	25	安全操作	6分	零件跌落扣2分/次；工具损坏扣2分/次；扣完为止	
	26	其他		每超时1min扣2分，超时5min终止考试	
	27	遵守相关安全规范		因违规操作造成人身和设备事故的，总分按0分计	
分数合计			100分		

任务3 拆卸外围设备（三）

一 任务说明

❶ 正时皮带的材质及作用

正时皮带一般由橡胶材料制成，如图3-1所示。

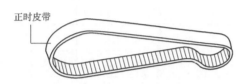

图3-1 正时皮带结构图

正时皮带是发动机配气机构的重要组成部分，在散热器风扇的后面。通过与曲轴的连接并配合一定的传动比来保证进、排气时间准确。使用皮带来传动是因为皮带噪声小、传动精确、自身变化量小而且易于补偿。皮带的寿命比金属齿轮短，因此，要定期更换皮带。正时皮带的作用就是当发动机运转时，确保活塞的行程（上下往复运动）、气门的开启与关闭（时间）、点火的顺序（时间）三者协调工作，时刻保持"同步"运转。

❷ 正时皮带惰轮总成的结构及作用

正时皮带惰轮总成一般由1号正时皮带惰轮分总成和惰轮紧固螺栓组成，如图3-2所示。

图3-2 正时皮带惰轮结构图

正时皮带惰轮总成的位置以中心位置在腰形孔内旋转为正确。其作用为：①易于安装调整皮带；②通过张紧弹簧力来设置最初的皮带张紧力；③安装后，保持皮带的张紧力；④支承皮带，减少皮带跨度振动。

❸ 发动机右侧支架总成的结构及作用

发动机右侧支架总成一般由发动机右侧支架和发动机右侧支架紧固螺栓组成，如图3-3所示。

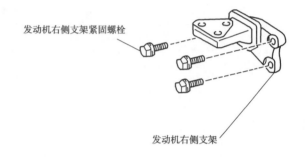

图3-3 横向发动机安装支架结构图

发动机右侧安装支架的作用主要是用来固定发动机在汽车上的位置。丰田8A发动机的安装支架总共有3处：①发动机右侧安装支架；②发动机后侧安装支架；③变速器上的安装支架。这3处支架共同支承起发动机，使发动机固定在汽车上。

❹ 曲轴正时齿轮的材质及作用

曲轴正时齿轮一般由铸铁制成，如图3-4所示。

图3-4 曲轴正时齿轮结构图

曲轴正时齿轮的主要作用是连接曲轴和正时皮带，将曲轴的旋转力矩传递给正时皮带。正时齿轮通过内孔和键槽安装在曲轴的前端轴上。其外圆上加工有与正时皮带相配合的齿轮，在有些正时皮带上有安装标记，以便于安装时检查。

二 实训时间 20min ★★

三 实训教学目标

（1）熟悉正时皮带、1号惰轮总成、发动机支架以及曲轴正时齿轮的名称、结构和作用；
（2）掌握正确拆卸正时皮带、1号惰轮总成、发动机支架以及曲轴正时齿轮的方法。

四 实训器材

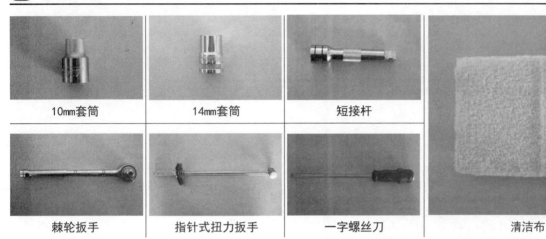

| 10mm套筒 | 14mm套筒 | 短接杆 | |
| 棘轮扳手 | 指针式扭力扳手 | 一字螺丝刀 | 清洁布 |

五 教学组织

❶ 教学组织形式

本课程为"工艺化"实训课，实训教师1名，学生24名，实训室共有6个实训工位，按照4人1个工位编组。

❷ 学生的站位分工和要求

学生按规定的工位站立，按教师的指令同时进行独立操作。

❸ 实训教师职责

播放教学视频，并讲解实训任务的操作步骤和相关注意事项；下达"开始操作"口令；巡视、检查、指导和纠正学生操作中的错误；课堂总结；组织学生对实训室进行清洁、整理。

❹ 学生职责

认真观看教学视频；完成教师布置的任务；做好课后的清洁、整理工作。

六 操作步骤

★ 第一步 拆卸正时皮带

1 拆卸正时皮带，若要重复使用正时皮带，需用记号笔在皮带上做好正时齿轮旋转方向的标记和定位标记。

提示：
（1）在皮带上做标记时，标记要清晰；
（2）做记号是保证安装时不发生错误，保证正时皮带和正时齿轮的正确配合。

2 检查凸轮轴正时齿轮和曲轴正时齿轮上的正时标记是否对齐（如果没记号应该人工做上标记）。

提示：

检查凸轮轴正时齿轮正时标记是否对准。

提示：

检查曲轴正时齿轮正时标记是否对准。

3 用双手取下正时皮带。

提示：

（1）拆卸前，保证手不沾油渍等杂质，以免弄脏正时皮带；

（2）在用手拆卸正时皮带时，注意双手要同时用力，将正时皮带慢慢脱离凸轮轴正时齿轮，最后取出正时皮带；

（3）正时皮带不能接触腐蚀性的液体。

4 将正时皮带摆放在零件车的规定位置。

提示：

要正确摆放零件。

第二步 拆卸1号惰轮总成

1 如下图所示为1号正时惰轮的安装位置。

提示：

注意1号正时皮带惰轮紧固螺栓的拆卸位置。

2 选用10mm套筒、短接杆、棘轮扳手，用工具松动正时惰轮紧固螺栓。

提示：

注意拆卸工具的正确使用。

3 用手取下正时皮带惰轮总成。

提示：

（1）拆卸紧固螺栓时，注意惰轮不要掉落，防止其受到损伤；

（2）拆卸后注意保管妥当。

4 用手取下正时皮带惰轮总成。

提示：

使前油封及其机油泵总成上的定位销脱离位置，拆卸正时惰轮。

5 将正时皮带惰轮和螺栓放置在规定位置。

提示：

要正确摆放零件。

第三步 拆卸发动机右侧安装支架

1 发动机右侧支架螺栓拆卸顺序如下图所示。

提示：

拆卸工作应严格按照发动机右侧支架螺栓拆卸顺序，分多次进行。

2 选用14mm套筒、短接杆、指针式扭力扳手，用工具松动右侧支架的紧固螺栓。

提示：

用工具松动发动机右侧安装支架的紧固螺栓，将扭力扳手转动一定角度（90°~180°），当螺栓松动后，不应再使用扭力扳手。

3 选用14mm套筒、短接杆、棘轮扳手，用工具松动右侧支架的紧固螺栓。

> **提示：**
> 用工具松动发动机右侧安装支架上的3个紧固螺栓时，螺栓要分2次进行旋松并拆卸，最后用手取下螺栓。

4 用手拧松右侧支架的紧固螺栓。

> **提示：**
> （1）先拆下面1个螺栓，再拆上面2个螺栓；
> （2）拆卸后将其放置在零件车的规定位置。

5 用手拧松上排最后1个螺栓后，将发动机右侧安装支架取下。

> **提示：**
> 双手配合取下。

6 将右侧安装支架和螺栓放置在规定位置。

> **提示：**
> 要正确摆放零件。

第四步　拆卸曲轴正时齿轮

1 用两把一字螺丝刀对称去拆卸，注意拆卸时在螺丝刀下面垫上清洁布，防止损坏机油泵及前油封总成表面。

> **提示：**
> （1）取出时注意槽口的位置；
> （2）在一字螺丝刀上套上塑料套管，以免拆卸时损伤曲轴正时齿轮。

2 双手配合取下正时齿轮。

提示：

操作方法要正确。

3 将曲轴正时齿轮放置在零件车的规定位置。

提示：

要正确摆放零件。

4 清洁，整理工具。

提示：

工具要清洁，整齐地摆放在工具车上。

七 考核标准

考 核 标 准 表

考核时间	序号	考核项目	满分	评分标准	得分
20min	1	着装规范	4分	酌情扣分	
	2	作业前整理工位	4分	酌情扣分	
	3	检查拆卸工具是否齐全	4分	检查不到位扣4分	
	4	在正时皮带上做记号	6分	操作不当扣6分	
	5	用双手拆卸正时皮带	6分	操作不当扣6分	
	6	在零件车上正确摆放正时皮带	4分	操作不到位扣4分	
	7	选用10mm套筒、短接杆、棘轮扳手	4分	工具选取不当扣4分	
	8	拧松并拆卸1号惰轮紧固螺栓	4分	操作不当扣4分	
	9	用手取下1号惰轮总成	4分	操作不当扣4分	
	10	在零件车上正确摆放1号惰轮总成	4分	操作不到位扣4分	
	11	选用14mm套筒、短接杆、指针式扭力扳手	4分	工具选取不当扣4分	
	12	松动发动机右侧支架紧固螺栓	4分	操作不当扣4分	
	13	选用14mm套筒、短接杆、棘轮扳手	4分	工具选取不当扣4分	
	14	拧松并拆卸发动机右侧支架紧固螺栓	4分	操作不当扣4分	
	15	用手取下发动机右侧支架	4分	操作不当扣4分	
	16	在零件车上正确摆放发动机右侧支架	4分	操作不到位扣4分	
	17	选用两把一字螺丝刀和两块干净清洁布	4分	工具选取不当扣4分	

续上表

考核时间	序号	考核项目	满分	评分标准	得分
20min	18	两人用两把螺丝刀同时用力撬动曲轴皮带轮正时齿轮	4分	操作不当扣4分	
	19	用双手取下曲轴正时齿轮	6分	操作不当扣6分	
	20	在零件车上正确摆放曲轴正时齿轮	4分	操作不到位扣4分	
	21	清洁、整理工具	4分	操作不当扣4分	
	22	整理工作台	4分	操作不当扣4分	
	23	安全操作	6分	跌落零件扣2分/次；损坏工具扣2分/次；扣完为止	
	24	其他		每超时1min扣2分，超时5min终止考试	
	25	遵守相关安全规范		因违规操作造成人身和设备事故的，总分按0分计	
分数合计			100分		

任务 4　拆卸外围设备（四）

一 任务说明

1 发动机吊钩总成的组成及作用

发动机吊钩总成一般由发动机吊钩和发动机吊钩紧固螺栓组成，如图4-1所示。

图4-1　发动机1号吊钩结构图

发动机吊钩的主要作用是用来吊装发动机。丰田8A发动机上有两处吊钩，分别位于汽缸盖的两侧，在将发动机从整车上吊装时，主要是靠这两处吊钩的受力将发动机从整车上取下。

2 发电机支架总成的结构及作用

发电机支架总成一般由发电机支架和发电机支架紧固螺栓组成，如图4-2所示。

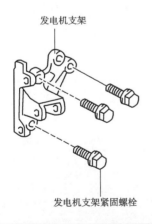

图4-2　发电机支架结构图

发电机支架的作用是用来在发动机上固定发电机。丰田8A发动机的发电机支架总共有3个螺栓固定在发动机前方。其上还安装1号发动机吊钩。

3 机油尺导管总成的结构及作用

机油尺导管总成一般由机油标尺、机油尺导管、机油尺导管紧固螺栓和O形圈组成，如图4-3所示。

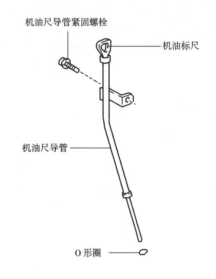

图4-3　机油尺和机油尺导管结构图

机油标尺用于检测油底壳中机油的存量。它是插入汽缸体油平面检查孔中的一根扁平杆，机油标尺的一端刻有上下极限位置刻度线，正常的油面应位于两刻度线中间位置。油面过高或过低都会影响发动机的正常使用性能：油面过高，会引起机油激溅，使发动机运转阻力增大；油面过低，会引起烧瓦抱轴等严重机械事故。

二 实训时间　20min　★★

三 实训教学目标

（1）熟悉发动机吊钩、发电机支架、机油尺和机油尺导管的名称、结构和作用；
（2）掌握正确拆卸发动机吊钩总成、发电机支架总成、机油尺导管总成的方法。

四 实训器材

10mm套筒

12mm套筒

14mm套筒

短接杆

指针式扭力扳手

清洁布

棘轮扳手

五 教学组织

1 教学组织形式

本课程为"工艺化"实训课，实训教师1名，学生24名，实训室共有6个实训工位，按照4人1个工位编组。

2 学生的站位分工和要求

学生按规定的工位站立，按教师的指令同时进行独立操作。

3 实训教师职责

播放教学视频，并讲解实训任务的操作步骤和相关注意事项；下达"开始操作"口令；巡视、检查、指导和纠正学生操作中的错误；课堂总结；组织学生对实训室进行清洁、整理。

4 学生职责

认真观看教学视频；完成教师布置的任务；做好课后的清洁、整理工作。

六 操作步骤

★ 第一步 拆卸1号发动机吊钩

1 如右图所示为发动机1号吊钩位置。

提示：
注意发动机1号吊钩紧固螺栓的位置。

发动机1号吊钩

2 选用12mm套筒、短接杆、指针式扭力扳手，用工具松动发动机1号吊钩的紧固螺栓。

提示：

用工具松动发动机1号吊钩的紧固螺栓，将扭力扳手转动一定角度（90°~180°），当螺栓松动后，不应再使用扭力扳手。

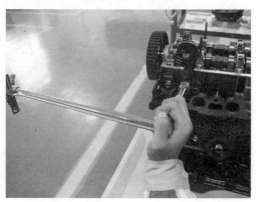

3 选用12mm套筒、短接杆、棘轮扳手，用工具松动发动机1号吊钩的紧固螺栓。

提示：

松动时，螺栓要分2次进行旋松，最后用手取下。

4 用手拧松1号发动机吊钩的紧固螺栓。

提示：

（1）双手配合进行拆卸；
（2）拆卸后将其放置在零件车的规定位置。

5 将1号发动机吊钩和紧固螺栓放置在规定的位置。

提示：

零件摆放位置要正确。

第二步 拆卸2号发动机吊钩

1 如右图所示为发动机2号吊钩的位置。

提示：

注意发动机2号吊钩紧固螺栓的拆卸位置。

发动机2号吊钩

2 选用14mm套筒、短接杆、指针式扭力扳手，用工具松动发动机2号吊钩的紧固螺栓。

提示：

用工具松动发动机2号吊钩的紧固螺栓，将扭力扳手转动一定角度（90°~180°），当螺栓松动后，不应再使用扭力扳手。

3 选用14mm套筒、短接杆、棘轮扳手，用工具松动发动机2号吊钩的紧固螺栓。

提示：

松动时，螺栓要分2次进行旋松，最后用手取下。

4 用手拧松发动机2号吊钩的紧固螺栓。

提示：

（1）双手配合进行拆卸；
（2）拆洗后将其放置在零件车的规定位置。

5 将发动机2号吊钩和螺栓放置在规定位置。

提示：

零件摆放位置要正确。

🔺 第三步　拆卸1号发电机支架

1 如右图所示为发电机支架的位置。

提示：

严格按照发电机支架螺栓拆卸顺序进行拆卸。

2 选用12mm套筒、短接杆、指针式扭力扳手，用工具松动发电机支架的紧固螺栓。

提示：

用工具松动发电机支架的紧固螺栓，将扭力扳手转动一定角度（45°~90°），当螺栓松动后，不应再使用扭力扳手。

3 选用12mm套筒、短接杆、棘轮扳手，用工具松动发电机支架的紧固螺栓。

用工具松动发电机支架上的3个紧固螺栓时，螺栓要分2次进行旋松并拆卸，最后用手取下。

4 拆卸发电机支架的紧固螺栓。

提示：

（1）先拆下面1个螺栓，再拆上面2个螺栓；
（2）拆卸后，将其放置在零件车的规定位置。

5 将发电机支架和螺栓放置在规定位置。

注意零件的正确摆放。

第四步　拆卸机油尺和机油尺导管

1 选用干净的清洁布，先清洁机油尺再取出机油尺。

取出机油尺时，防止机油滴到地上。

2 取下机油尺。

（1）清洁机油尺；
（2）机油滴到地上，应马上擦拭干净。

3 如下图所示为机油尺导管的位置。

> **提示：**
> 注意机油尺导管紧固螺栓的拆卸位置。

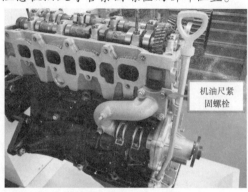
机油尺紧固螺栓

4 选用10mm套筒、短接杆、棘轮扳手，用工具松动机油尺导管的紧固螺栓。

> **提示：**
> 松动时，螺栓要分2次进行旋松并拆卸，最后用手取下。

5 取下机油尺导管上面1个紧固螺栓。

> **提示：**
> （1）将紧固螺栓拧松；
> （2）拆卸后将其放置在零件车的规定位置。

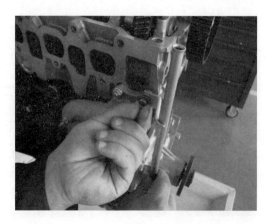

6 用双手配合取下机油尺导管。

> **提示：**
> （1）取出机油尺导管时边拉边旋转；
> （2）防止机油尺导管上的机油滴到地上。

7 将机油尺导管、O形密封圈和螺栓放置在规定位置。

> **提示：**
> 按零件车上的位置正确摆放。

8 清洁、整理工具。

> **提示：**
> 工具要清洁、整齐地摆放在工具车上。

七 考核标准

考 核 标 准 表

考核时间	序号	考 核 项 目	满分	评分标准	得分
20min	1	着装规范	4分	酌情扣分	
	2	作业前整理工位	4分	酌情扣分	
	3	检查拆卸工具是否齐全	4分	未检查扣4分	
	4	选用12mm套筒、短接杆、指针式扭力扳手	2分	工具选用不正确扣4分	
	5	松动发动机1号吊钩紧固螺栓	4分	酌情扣分,未操作全扣	
	6	选用12mm套筒、短接杆、棘轮扳手	2分	工具选用不正确扣4分	
	7	拧松并拆卸发动机1号吊钩紧固螺栓	6分	酌情扣分,未操作全扣	
	8	在零件车上正确摆放发动机1号吊钩	4分	酌情扣分,未操作全扣	
	9	选用14mm套筒、短接杆、指针式扭力扳手	2分	工具选用不正确扣4分	
	10	松动发动机2号吊钩紧固螺栓	4分	酌情扣分,未操作全扣	
	11	选用14mm套筒、短接杆、棘轮扳手	2分	工具选用不正确扣4分	
	12	拧松并拆卸2号发动机吊钩紧固螺栓	6分	酌情扣分,未操作全扣	
	13	在零件车上正确摆放发动机2号吊钩	4分	酌情扣分,未操作全扣	
	14	选用12mm套筒、短接杆、指针式扭力扳手	2分	工具选用不正确扣4分	
	15	松动发电机支架紧固螺栓	4分	酌情扣分,未操作全扣	
	16	选用12mm套筒、短接杆、棘轮扳手	2分	工具选用不正确扣4分	
	17	拧松并拆卸发电机支架紧固螺栓	6分	酌情扣分,未操作全扣	
	18	在零件车上正确摆放发电机支架	4分	酌情扣分,未操作全扣	
	19	选用干净的清洁布	4分	酌情扣分,未操作全扣	
	20	取下机油标尺	6分	酌情扣分,未操作全扣	
	21	选用10mm套筒、短接杆、棘轮扳手	2分	工具选用不正确扣4分	
	22	拧松并拆卸机油尺导管的紧固螺栓	4分	酌情扣分,未操作全扣	
	23	用双手配合取下机油尺导管	4分	酌情扣分,未操作全扣	
	24	在零件车上正确摆放机油尺导管	4分	酌情扣分,未操作全扣	
	25	清洁、整理工具	2分	酌情扣分,未操作全扣	
	26	整理工作台	2分	酌情扣分,未操作全扣	
	27	安全操作	6分	跌落零件扣2分/次;损坏量具扣2分/次;扣完为止	
	28	其他		每超时1min扣2分,超时5min终止考试	
	29	遵守相关安全规范		因违规操作造成人身和设备事故的,总分按0分计	
		分数合计	100分		

任务5 拆卸外围设备（五）

一 任务说明

1 发动机进水软管总成的组成及作用

发动机进水软管总成一般由进水管、进水管紧固螺栓、进水软管、进水软管卡环和垫片组成，如图5-1所示。

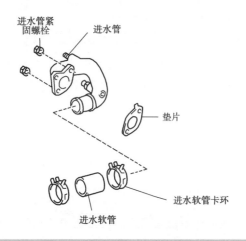

图5-1 发动机进水管总成的结构图

发动机进水软管是发动机冷却系统中的一个重要组成部分，它的主要作用是将水泵中的冷却液导入到发动机内进行水冷却。发动机进水软管安装在水泵与发动机进水口之间。与水泵相连的是橡皮水管，靠卡箍来进行夹紧，另一端与发动机进水口相连，采用螺栓和密封垫进行紧固。

2 发动机水泵总成的组成及作用

发动机水泵总成一般由水泵总成、水泵总成紧固螺栓和O形圈组成，如图5-2所示。

发动机水泵总成是使汽车冷却系统强制循环的主要部件。在汽车发动机的缸体里，有多条供冷却液循环的水道，与置于汽车前部的散热器（俗称水箱）通过水管相连接，构成一个大的水循环系统。在发动机的上出水口，装有一个水泵，通过风扇皮带来带动，把发动机缸体水道内的热水泵出，把冷水泵入。在水泵的旁边还有一个节温器，汽车刚起动时（冷车），不打开，使冷却液不经过散热器，只在发动机内循环（俗称小循环），待发动机的温度达到80℃时，就打开，发动机内的热水被泵入散热器，汽车前行时的冷风吹过水箱，带走热量。

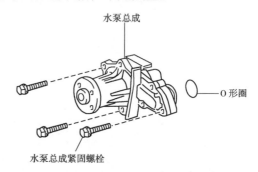

图5-2 发动机水泵总成的结构图

发动机水泵安装于发动机的侧面，主要通过3个螺栓固定在发动机上。汽车发动机广泛采用离心式水泵。其基本结构由水泵壳体、连接盘或皮带轮、水泵轴及轴承或轴连轴承、水泵叶轮和水封装置等零件构成。发动机通过皮带轮带动水泵轴承及叶轮转动，水泵中的冷却液被叶轮带动一起旋转，在离心力的作用下被甩向水泵壳体的边缘，同时产生一定的压力，然后从出水道或水管流出。叶轮的中心处由于冷却液被甩出而压力降低，散热器中的冷却液在水泵进口与叶轮中心的压差作用下经水管被吸入叶轮中，实现冷却液的往复循环。

二 实训时间 15min

三 实训教学目标

（1）熟悉进水软管总成、水泵总成的名称、结构和作用；

（2）掌握正确拆卸进水软管总成和水泵总成的方法。

四 实训器材

12mm套筒

短接杆

棘轮扳手

指针式扭力扳手

鲤鱼钳

清洁布

五 教学组织

1 教学组织形式

本课程为"工艺化"实训课,实训教师1名,学生24名,实训室共有6个实训工位,按照4人1个工位编组。

2 学生的站位分工和要求

学生按规定的工位站立,按教师的指令同时进行独立操作。

3 实训教师职责

播放教学视频,并讲解实训任务的操作步骤和相关注意事项;下达"开始操作"口令;巡视、检查、指导和纠正学生操作中的错误;课堂总结;组织学生对实训室进行清洁、整理。

4 学生职责

认真观看教学视频;完成教师布置的任务;做好课后的清洁、整理工作。

六 操作步骤

🌲 第一步 拆卸进水软管

1 如下图所示为进水软管总成的位置。

提示:
严格按照进水软管总成紧固螺母的拆卸顺序进行拆卸。

2 选用12mm套筒、短接杆、指针式扭力扳手,用工具松动进水软管的紧固螺母。

提示:
将扭力扳手转动一定角度(90°~180°),当螺栓松动后,不应再使用扭力扳手。

3 选用12mm套筒、短接杆、棘轮扳手，用工具松动进水软管的紧固螺母。

提示：

用工具松动进水软管上的2个紧固螺母，松动时，螺母要分2次进行旋松并拆卸，最后用手取下。

4 用手取下进水软管上的2个紧固螺母。

提示：

（1）正确地进行拆卸；
（2）拆卸后将其放置在零件车的规定位置。

5 选用鲤鱼钳夹紧进水软管一侧的卡箍向左移动，同时左手将连接在汽缸盖上的一侧水管向外拉，使其脱离。

提示：

卡箍要脱离到位，在取下汽缸盖一侧进水软管时，注意不要损伤螺栓上的螺纹。

6 用双手握住进水软管拧拉取下进水软管。

提示：

注意双手不要撞到发动机上，以免受伤。

7 用手取下垫片。

提示：

注意不要划伤手。

8 将进水软管总成、垫片和螺母放置在零件车的规定位置。

提示：

零件的摆放位置要正确。

🌲 第二步 拆卸水泵总成

1 如下图所示为水泵总成的位置。

提示：

严格按照水泵总成螺栓拆卸顺序进行拆卸。

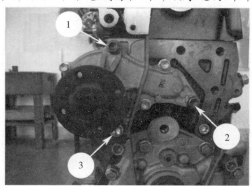

2 选用12mm套筒、短接杆、指针式扭力扳手，用工具松动水泵总成的紧固螺栓。

提示：

用工具松动水泵总成的紧固螺栓，将扭力扳手转动一定角度（90°～180°），当螺栓松动后，不应再使用扭力扳手。

3 选用12mm套筒、短接杆、棘轮扳手，用工具松动水泵总成紧固螺栓。

提示：

用工具松动水泵总成上的3个紧固螺栓，松动时，螺栓要分2次进行旋松并拆卸，最后用手取下。

4 用手拆卸水泵总成上的紧固螺栓，取下水泵总成。

提示：

用手拆卸O形密封圈，注意去除残余的密封圈。

5 将水泵总成、O形密封圈和螺栓放置在零件车的规定位置。

提示：

注意零件的正确摆放。

6 清洁、整理工具。

提示：

工具要清洁、整齐地摆放在工具车上。

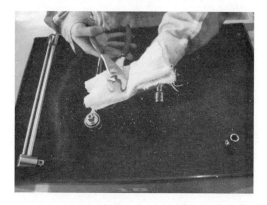

七 考核标准

考 核 标 准 表

考核时间	序号	考 核 项 目	满分	评分标准	得分
15min	1	着装规范	4分	酌情扣分	
	2	作业前整理工位	4分	酌情扣分	
	3	检查拆卸工具是否齐全	4分	检查不到位扣4分	
	4	选用12mm套筒、短接杆、指针式扭力扳手	4分	工具选取不当扣4分	
	5	松动发动机进水软管紧固螺母	6分	操作不当扣6分	
	6	选用12mm套筒、短接杆、棘轮扳手	4分	工具选取不当扣4分	
	7	拧松并拆卸发动机进水软管紧固螺母	8分	操作不当扣8分	
	8	选用鲤鱼钳	4分	工具选取不当扣4分	
	9	选用鲤鱼钳夹紧进水软管一侧的卡箍向左移动使其脱离，最后用手配合进行拆卸	10分	操作不当扣10分	
	10	拆卸进水软管的密封垫片	6分	操作不当扣6分	
	11	在零件车上正确摆放发动机进水软管	4分	操作不到位扣4分	
	12	选用12mm套筒、短接杆、指针式扭力扳手	4分	工具选取不当扣4分	
	13	松动发动机水泵总成紧固螺栓	6分	操作不当扣6分	
	14	选用12mm套筒、短接杆、棘轮扳手	4分	工具选取不当扣4分	
	15	拧松并拆卸发动机水泵总成紧固螺栓	8分	操作不当扣8分	
	16	在零件车上正确摆放发动机水泵总成	4分	操作不到位扣4分	
	17	清洁、整理工具	5分	操作不当扣5分	
	18	整理工作台	5分	操作不当扣5分	
	19	安全操作	6分	跌落零件扣2分/次；损坏工具扣2分/次；扣完为止	
	20	其他		每超时1min扣2分，超时5min终止考试	
	21	遵守相关安全规范		因违规操作造成人身和设备事故的，总分按0分计	
		分数合计	100分		

任务6 拆卸配气机构（一）

一 任务说明

凸轮轴一般由合金钢制成。

进气凸轮轴总成一般由卡环、波形垫圈、凸轮轴副齿轮、凸轮轴、凸轮轴轴承盖组成，如图6-1所示。

排气凸轮轴总成一般由凸轮轴正时皮带轮、皮带轮紧固螺栓、凸轮轴安装油封、凸轮轴和凸轮轴轴承盖组成，如图6-2所示。

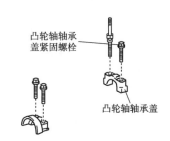
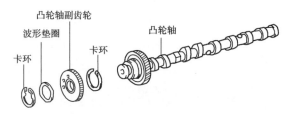

图6-1 进气凸轮轴的结构图

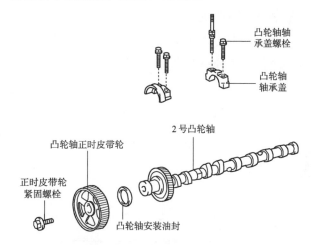

图6-2 排气凸轮轴的结构图

凸轮轴是气门传动组中的重要部件，其作用是控制气门的开闭及其升程的变化规律。凸轮轴总成由凸轮轴和轴颈两部分组成。凸轮的外部轮廓形状决定了气门的开闭时刻及其升程的变化规律。

二 实训时间 20min ★★

三 实训教学目标

（1）熟悉发动机进、排气凸轮轴的名称、结构和作用；
（2）掌握正确拆卸发动机进、排气凸轮轴的方法。

四 实训器材

10mm长套筒　　　长接杆　　　棘轮扳手　　　23、26mm开口扳手

M6维修螺栓

10mm丁字形套筒

清洁布

五 教学组织

1 教学组织形式

本课程为"工艺化"实训课,实训教师1名,学生24名,实训室共有6个实训工位,按照4人1个工位编组。

2 学生的站位分工和要求

学生按规定的工位站立,按教师的指令同时进行独立操作。

3 实训教师职责

播放教学视频,并讲解实训任务的操作步骤和相关注意事项;下达"开始操作"口令;巡视、检查、指导和纠正学生操作中的错误;课堂总结;组织学生对实训室进行清洁、整理。

4 学生职责

认真观看教学视频;完成教师布置的任务;做好课后的清洁、整理工作。

六 操作步骤

第一步 拆卸副凸轮轴(进气凸轮轴)

1 安装维修螺栓定位孔。

提示:

选用26mm开口扳手,用工具转动排气凸轮轴的六角部分将副齿轮小孔转上来(它定位主齿轮和副齿轮)。注意:转动过程中观察是否到位。

2 选用10mm长套筒、长接杆、棘轮扳手,组装调整后,用工具拆卸进气凸轮轴1号轴承盖螺栓,取下1号轴承盖。

提示:

正确使用工具。

3 用手取下进气凸轮轴的第1道轴承盖及其螺栓。

提示:

用双手摇晃第1道轴承盖螺栓使轴承盖松动,注意不要损伤轴承盖。

4 选用专用维修螺栓M6，用其定位进气凸轮轴上主齿轮和副齿轮的位置，使其同步转动。

提示：

保证主、副齿轮同步，可降低转动时噪声。

使用维修螺栓固定主、副齿轮。

推荐维修螺栓标准

螺纹直径	6mm
螺距	1.0mm
螺栓长度	16~20mm（0.63~0.79in）

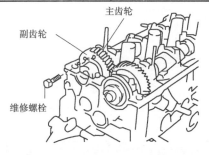

5 用10mm丁字形套筒拧紧维修螺栓。

提示：

不要将维修螺栓拧得过紧。

6 选用10mm长套筒、长接杆、棘轮扳手，用工具松动进气凸轮轴其余4道轴承盖螺栓。

提示：

按2-5-4-3顺序分3次均匀地拧松8个轴承盖螺栓。

7 用手将其余4道轴承盖上的8个紧固螺栓彻底拧松。

提示：

拧松后，检查其是否完全拧动。

8 用手取下进气凸轮轴4道轴承盖。

提示：

右手取轴承盖，取不下时用手左右晃动，左手暂时放置轴承盖。

9 按照1-2-3-4-5顺序将进气凸轮轴轴承盖和螺栓放置在零件车的规定位置。

提示：

检查进气凸轮轴轴承盖的记号"I"是否对齐。

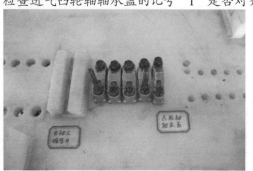

10 用双手从汽缸盖上平稳取下进气凸轮轴。

提示：

取下时注意不要发生撞击。

11 将进气凸轮轴放置在零件车的规定位置。

提示：

注意零件的正确摆放。

第二步 拆卸主凸轮轴（排气凸轮轴）

1 选用10mm长套筒、长接杆、棘轮扳手，用工具松动排气凸轮轴1号轴承盖螺栓，取下1号轴承盖。

提示：

注意工具的正确使用。

2 用手取下排气凸轮轴的第1道轴承盖。

提示：

用双手摇晃第1道轴承盖螺栓使轴承盖松动，注意不要损伤轴承盖。

3 选用10mm长套筒、长接杆、棘轮扳手，用工具松动排气凸轮轴其余4道轴承盖螺栓。

提示：

按2-5-4-3顺序分3次均匀地拧松8个轴承盖螺栓并拆卸，为了防止凸轮轴发生变形，使用锤柄或木棒轻敲凸轮轴轴承两端，使其松动，拆下4道轴承盖和凸轮轴。

4 用手将其余4道轴承盖上的8个紧固螺栓彻底拧松。

提示：

拧松后检查其是否完全拧松。

5 用手取下排气凸轮轴其余4道轴承盖。

提示:

右手取轴承盖,取不下时用手左右晃动,左手暂时放置轴承盖。

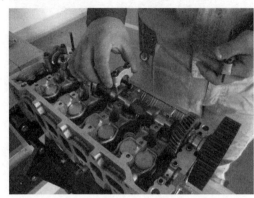

6 按照1-2-3-4-5顺序将主凸轮轴轴承盖和螺栓放置在零件车的规定位置。

提示:

检查进气凸轮轴轴承盖的记号是否对齐。

7 用双手从汽缸盖上平稳取下排气凸轮轴。

提示:

取下时注意不要发生碰撞。

8 将排气凸轮轴放置在零件车的规定位置。

提示:

注意零件的正确摆放,并且检查排气凸轮轴轴承盖的记号"E"是否对齐。

9 选用10mm长套筒、长接杆、棘轮扳手,用工具松动分电器轴固定座轴承盖螺栓。

提示:

分电器轴固定座轴承盖螺栓分2次对称拧松。

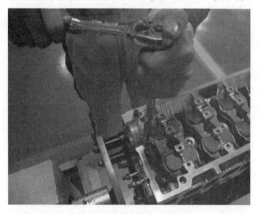

10 用手取下分电器轴固定座。

提示:

拆卸时用手左右晃动将其拆卸下来。

任务 6 拆卸配气机构(一)

11 将凸轮轴放置在零件车的规定位置。

提示：

零件要正确摆放。

12 清洁、整理工具。

提示：

工具要清洁、整齐地摆放在工具车上。

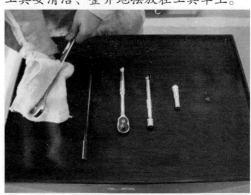

七 考核标准

考 核 标 准 表

考核时间	序号	考 核 项 目	满分	评分标准	得分
20min	1	着装规范	4分	酌情扣分	
	2	作业前整理工位	4分	酌情扣分	
	3	检查拆卸工具是否齐全	4分	检查不到位扣4分	
	4	选用26mm开口扳手或者活动扳手，用工具转动排气凸轮轴的六角部分将副齿轮小孔转上来	6分	操作不当扣6分	
	5	选用10mm套筒、短接杆、棘轮扳手	2分	工具选取不当扣2分	
	6	松动进气凸轮轴第1道轴承盖	4分	操作不当扣4分	
	7	用手取下第1道轴承盖及其螺栓	2分	操作不当扣2分	
	8	选用专用维修螺栓（M6），用其定位进气凸轮轴上主齿轮和副齿轮的位置，使其同步转动	4分	操作不当扣4分	
	9	选用10mm套筒、短接杆、棘轮扳手	2分	工具选取不当扣2分	
	10	松动进气凸轮轴其余4道轴承盖	6分	操作不当扣6分	
	11	用手取下其余4道轴承盖及其螺栓	6分	操作不当扣6分	
	12	在零件车上按照1-2-3-4-5顺序将进气凸轮轴轴承盖和螺栓正确摆放	2分	操作不到位扣2分	
	13	双手取下进气凸轮轴	4分	操作不当扣4分	
	14	在零件车上正确摆放进气凸轮轴	2分	操作不到位扣2分	
	15	选用10mm套筒、短接杆、棘轮扳手	2分	工具选取不当扣2分	
	16	松动排气凸轮轴第1道轴承盖	4分	操作不当扣4分	
	17	用手取下第1道轴承盖及其螺栓	2分	操作不当扣2分	
	18	选用10mm套筒、短接杆、棘轮扳手	2分	工具选取不当扣2分	
	19	松动排气凸轮轴其余4道轴承盖	6分	操作不当扣6分	
	20	用手取下其余4道轴承盖及其螺栓	6分	操作不当扣6分	
	21	在零件车上按照1-2-3-4-5顺序将排气凸轮轴轴承盖和螺栓正确摆放	4分	操作不到位扣4分	
	22	双手取下排气凸轮轴	4分	操作不当扣4分	
	23	在零件车上正确摆放排气凸轮轴	4分	操作不到位扣4分	
	24	清洁、整理工具	4分	操作不当扣4分	
	25	整理工作台	4分	操作不当扣4分	
	26	安全操作	6分	跌落零件扣2分/次；损坏工具扣2分/次；扣完为止	
	27	其他		每超时1min扣2分，超时5min终止考试	
	28	遵守相关安全规范		因违规操作造成人身和设备事故的，总分按0分计	
		分数合计	100分		

任务 7 拆卸配气机构（二）

一、任务说明

1 液压挺柱的结构及作用

液压挺柱一般由气门挺杆和气门调整垫片组成，如图7-1所示。

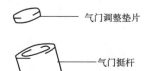

图7-1 液压挺柱的结构图

液压挺柱利用液压传动的原理，自动补偿气门间隙变化，实现气门间隙的自动调整。简化了机构和装配过程，同时消除了因存在气门间隙而产生的冲击与噪声。液压挺柱的常见故障是工作表面磨损和失效。

2 汽缸盖的结构及作用

汽缸盖一般由汽缸盖总成、汽缸盖螺栓和垫片组成，如图7-2所示。

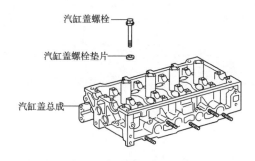

图7-2 汽缸盖的结构图

汽缸盖的主要作用是封闭汽缸的上部，与活塞顶部、汽缸壁共同构成燃烧室。它由合金铸铁或灰铸铁制成。小型汽车多使用铝合金汽缸盖，密度小、导热性好，但刚度低、易变形。汽缸盖的结构取决于冷却方式、燃烧室的形状和气门的布置方式等影响因素。目前汽车上广泛使用水冷式发动机，在汽缸盖上加工有与汽缸体的水套相通的冷却水套，利用冷却水的循环来冷却燃烧室等高温部分。风冷发动机的汽缸盖上则铸有许多散热片，靠增大散热面积来降低燃烧室的温度。另外，汽缸盖上还加工有燃烧室，进、排气道，进、排气门，火花塞或喷油器座孔等。

拆卸汽缸盖螺栓时，其拆卸顺序如图7-3所示，按标出的顺序分2次从两边到中间对角对称地对10个汽缸盖螺栓进行拆卸。

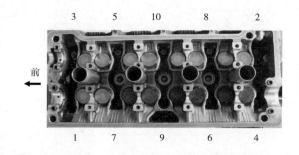

图7-3 汽缸盖螺栓拆卸顺序示意图

汽缸盖的主要故障是翘曲变形、腐蚀、螺纹孔的损伤。因此，在汽缸盖的拆卸过程中，要求在常温下按照规范进行。

3 汽缸垫的材质及作用

汽缸垫一般由石棉及合成纤维制成，如图7-4所示。

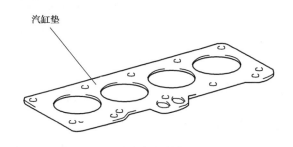

图7-4 汽缸垫的结构图

汽缸垫的主要作用就是保证汽缸盖与汽缸体之间有良好的密封性能。

拆卸时，要注意将整个汽缸垫完整取下。发动机汽缸垫由于长时间处于压紧工作状态，造成部分黏贴在汽缸体上，拆卸时要用铲刀将其清除干净。

二 实训时间 25min ★★★

三 实训教学目标

（1）熟悉液压挺柱、汽缸盖以及汽缸垫的名称、结构和作用；
（2）掌握正确拆卸液压挺柱和汽缸盖的方法。

四 实训器材

10mm套筒

短接杆

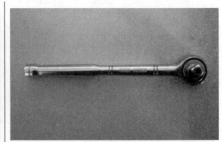
棘轮扳手

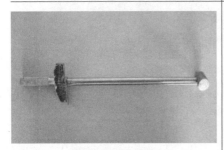
指针式扭力扳手

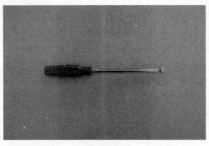
磁性吸棒

一字螺丝刀

橡皮锤

黑色油性记号笔

清洁布

五 教学组织

1 教学组织形式

本课程为"工艺化"实训课，实训教师1名，学生24名，实训室共有6个实训工位，按照4人1个工位编组。

2 学生的站位分工和要求

学生按规定的工位站立，按教师的指令同时进行独立操作。

3 实训教师职责

播放教学视频，并讲解实训任务的操作步骤和相关注意事项；下达"开始操作"口令；巡视、检查、指导和纠正学生操作中的错误；课堂总结；组织学生对实训室进行清洁、整理。

4 学生职责

认真观看教学视频；完成教师布置的任务；做好课后的清洁、整理工作。

六 操作步骤

▲ 第一步 拆卸主、副凸轮轴液压挺柱

 用干净的清洁布清洁液压挺柱表面。

提示：

将液压挺柱表面的油渍清洁干净。

 在液压挺柱上做记号：排气液压挺柱（A-H）；进气液压挺柱（1-8）。

提示：

字体要求大并且清晰。

 选用黑色的油性记号笔在液压挺柱上做记号。

提示：

检查记号是否明显。

 选用带有磁性的专用吸铁棒从中心向上吸出液压挺柱。

提示：

检查磁性吸棒有无吸引力。

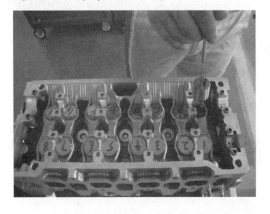

 按照顺序吸出气门调整垫片和进、排气凸轮轴液压挺柱。

提示：

（1）如果发现吸引不出挺柱，说明液压挺柱有可能被卡住，不能强制取出；

（2）吸出时，注意不要使液压挺柱掉落以免损坏；

（3）吸出后，将液压挺柱根据顺序放置到干净的木板上。

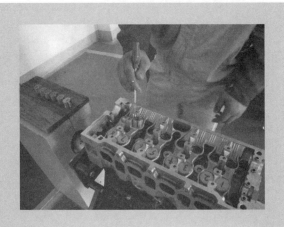

6 将拆卸下来的进、排气凸轮轴液压挺柱和气门调整垫片,按照次序放置在零件车的规定位置。

提示:
(1)在液压挺柱上涂上一层机油,以免干枯生锈;
(2)按照顺序正确摆放零件,否则,错乱摆放,安装不当时将影响配气机构的性能。

第二步 拆卸汽缸盖与汽缸垫

1 查阅丰田8A维修手册确定汽缸盖螺栓正确拧松顺序。

提示:
(1)查阅手册是为了保证汽缸盖螺栓的正确拆卸;
(2)拆卸汽缸盖螺栓时必须从两边往中间对角对称松动,否则会因为操作不当造成汽缸盖变形。

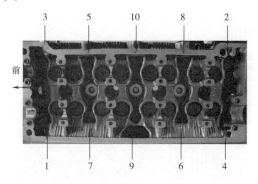

2 选用10mm套筒、短接杆、指针式扭力扳手,用工具松动汽缸盖紧固螺栓。

提示:
按维修手册提供的顺序分2次从两边到中间对称地对10个汽缸盖螺栓进行松动。

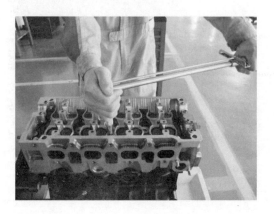

3 选用10mm套筒、短接杆、棘轮扳手,用工具松动汽缸盖紧固螺栓。

提示:
按标出的顺序分2次从两边到中间均匀地旋松10个汽缸盖螺栓,直到螺栓完全拧松。

4 选用带有磁性的吸棒吸出汽缸盖螺栓。

提示:
(1)取出螺栓时要慢一些,以防止掉落;
(2)取出螺栓后应按顺序放置,不要随便乱放。

5 选用带有磁性的吸棒吸出汽缸盖螺栓垫片。

提示：

（1）取出螺栓垫片时要慢一些，以防止掉落；

（2）取出螺栓垫片后应按顺序放置，不要随便乱放。

6 取出的汽缸盖螺栓以及垫片按照次序放置在零件车的规定位置。

提示：

位置不要搞错，以免影响安装配合，进而影响汽缸盖的密封性能，影响发动机的工作性能。

7 用螺丝刀撬动汽缸盖四周。

提示：

（1）用螺丝刀撬动前先在下面垫上一块干净的抹布；

（2）用螺丝刀对汽缸盖进行撬动时注意不要损伤缸盖和缸体的密封面；

（3）撬动时只能在有定位销的地方进行，并保持垂直。

8 用橡皮锤松动汽缸盖。

提示：

（1）用橡皮锤松动汽缸盖，将其敲松；

（2）松动时只能在有定位销的地方进行，并保持垂直。

9 取下汽缸盖。

提示：

（1）取下汽缸盖时双手放置在汽缸盖两侧，注意不要放到汽缸盖底部，以免手被压伤；

（2）抬起汽缸盖时检查汽缸垫是否粘贴，如果有的话应先取下汽缸垫。

10 将汽缸盖平稳放置在枕木上。

提示：

（1）检查汽缸盖在枕木上放置是否平稳，以免汽缸盖掉落损伤；

（2）在枕木上需要垫上抹布。

11 取下汽缸垫。

提示：
（1）如果粘贴很牢固可以用铲刀进行分离；
（2）用双手取下汽缸垫。

12 将汽缸垫放置在零件车的规定位置。

提示：
将汽缸垫取下放置到规定位置。

13 清洁、整理工具。

提示：
工具要清洁、整齐地摆放在工具车上。

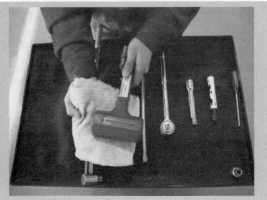

七 考核标准

考 核 标 准 表

考核时间	序号	考 核 项 目	满分	评分标准	得分
25min	1	着装规范	4分	酌情扣分	
	2	作业前整理工位	4分	酌情扣分	
	3	检查拆卸工具是否齐全	2分	检查不到位扣2分	
	4	用干净的抹布清洁液压挺柱表面	4分	操作不当扣4分	
	5	选用黑色的油性记号笔	2分	工具选取不当扣2分	
	6	在液压挺柱上做记号：排气液压挺柱（A-H）；进气液压挺柱（1-8）	4分	操作不当扣4分	
	7	选用磁性吸棒	2分	工具选取不当扣2分	
	8	用磁性吸棒取出进、排气液压挺柱	4分	操作不当扣4分	
	9	在零件车上正确摆放进、排气液压挺柱	4分	操作不到位扣4分	
	10	选用10mm专用套筒、短接杆、指针式扭力扳手	2分	工具选取不当扣2分	
	11	将汽缸盖10个紧固螺栓按照拆卸顺序进行2次松动	10分	操作不当扣10分	
	12	选用10mm专用套筒、短接杆、棘轮扳手	2分	工具选取不当扣2分	
	13	将汽缸盖10个紧固螺栓按照拆卸顺序进行拧松	6分	操作不当扣6分	
	14	选用磁性吸棒	2分	工具选取不当扣2分	
	15	用工具取下汽缸盖螺栓和垫片	4分	操作不当扣4分	
	16	在零件车上正确摆放汽缸盖螺栓和垫片	4分	操作不到位扣4分	

续上表

考核时间	序号	考 核 项 目	满分	评分标准	得分
25min	17	选用一字螺丝刀	2分	工具选取不当扣2分	
	18	用工具撬动汽缸盖四周使其松动	4分	操作不当扣4分	
	19	选用橡皮锤	2分	工具选取不当扣2分	
	20	用工具敲击汽缸盖四周使其再次松动	4分	操作不当扣4分	
	21	用双手取下汽缸盖	4分	操作不当扣4分	
	22	将汽缸盖平稳放置到枕木上	4分	操作不当扣4分	
	23	取下汽缸垫	4分	操作不当扣4分	
	24	在零件车上正确摆放汽缸垫	2分	操作不到位扣2分	
	25	清洁、整理工具	4分	操作不当扣4分	
	26	整理工作台	4分	操作不当扣4分	
	27	安全操作	6分	跌落零件扣2分/次；损坏工具扣2分/次；扣完为止	
	28	其他		每超时1min扣2分，超时5min终止考试	
	29	遵守相关安全规范		因违规操作造成人身和设备事故的，总分按0分计	
分数合计			100分		

任务 8 拆卸配气机构（三）

一 任务说明

气门组件一般由气门锁片、气门弹簧座圈、气门弹簧、气门杆油封、气门弹簧平垫片、气门导管衬套和进、排气门组成。进气门组件的结构如图8-1所示；排气门组件的结构如图8-2所示。

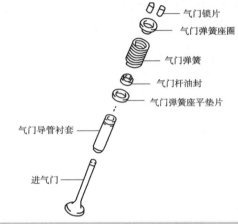

图8-1 进气门组件的结构图

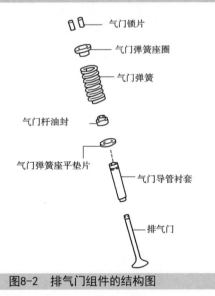

图8-2 排气门组件的结构图

气门组件是配气机构的重要组成部分，其主要作用是保证发动机工作时适时地进气和排气。

分解汽缸盖主要是将气门组件从汽缸盖上按照规范操作的要求拆卸下来，并按一定的次序摆放好。气门组件包括的零部件有进气门、排气门、气门弹簧、气门弹簧座、气门锁片、气门导管、气门座。汽缸盖的主要作用是实现对汽缸的可靠密封，要求气门头部和气门座贴合紧密；气门导管对气门杆的往复运动导向良好；气门弹簧座两端面与气门杆中心线相互垂直，保证气门头在气门座上不歪斜；气门弹簧的弹力能够克服气门及其传动件的运动惯性，使气门能迅速闭合，并压紧在气门座上。

气门组件拆卸注意事项主要包括如下两方面。

（1）掌握汽缸盖分解技术规范。使用专用工具拆卸气门组件，严禁使用铁锤、接杆、套筒拆卸，否则易造成气门组件的损伤和汽缸盖的变形；拆卸的气门组件应自制区分标记，以免装配时出现错乱。做标记时，不要用硬金属杆件敲击气门，以防止其变形。

（2）选择工具。拆卸气门组件要使用气门拆装钳，它是专门用于拆卸顶置气门弹簧的工具。使用方法是将拆装架的托架抵住气门头部，压环对正气门弹簧座，然后用力压下手柄，使气门弹簧被压缩，此时可使用尖嘴钳取出气门弹簧锁片或锁销，慢慢抬起手柄，取下拆装架，再依次取下气门弹簧座、气门弹簧、气门等。

二 实训时间 · 40min ★★★★

三 实训教学目标

（1）正确使用气门拆装钳和气门油封拆装器；
（2）熟悉气门组件各零件的名称、结构和作用；
（3）掌握正确拆卸气门组件的方法。

四 实训器材

 气门拆装钳
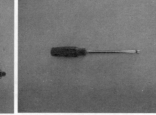 磁性吸棒
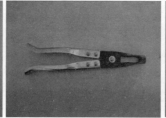 气门油封拆卸专用工具
 清洁布

五 教学组织

1 教学组织形式

本课程为"工艺化"实训课，实训教师1名，学生24名，实训室共有6个实训工位，按照4人1个工位编组。

2 学生的站位分工和要求

学生按规定的工位站立，按教师的指令同时进行独立操作。

3 实训教师职责

播放教学视频，并讲解实训任务的操作步骤和相关注意事项；下达"开始操作"口令；巡视、检查、指导和纠正学生操作中的错误；课堂总结；组织学生对实训室进行清洁、整理。

4 学生职责

认真观看教学视频；完成教师布置的任务；做好课后的清洁、整理工作。

六 操作步骤

🌲 拆卸进、排气门

1 调整气门拆装钳压缩长度。

提示：
（1）清洁气门钳；
（2）调整气门拆装钳到适当位置。

2 用气门拆装钳压紧气门。

提示：
使用气门拆装钳压缩气门弹簧，使两个气门锁片的位置脱离气门杆尾部的凹槽处。

3 选用吸棒吸出两片气门锁片。

提示：
（1）用气门拆装钳压紧气门弹簧后，使气门锁片脱离其原先的位置，此时用吸棒吸出两片锁片，也可用尖嘴钳拆卸；
（2）拆卸后将其放置在零件车的规定位置。

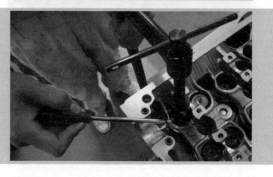

任务 8 拆卸配气机构（三）

4 放松气门拆装钳,注意先向下压缩,使其脱离锁止位置后缓慢放松,最后取下气门拆装钳。

提示:

(1)气门拆装钳不要撞到汽缸盖;
(2)清洁气门拆装钳。

5 用手取下气门弹簧座。

提示:

(1)正确取下气门弹簧座;
(2)拆卸后将其放置在零件车的规定位置。

6 用手拆下气门弹簧。

提示:

(1)正确取下气门弹簧;
(2)拆卸后将其放置在零件车的规定位置。

7 用手取下气门。

提示:

(1)拆卸时不要损伤气门;
(2)两手配合进行拆卸。

提示:

(1)左手在上推动气门杆向下移动,右手在下等待气门的推出;
(2)拆卸后将其放置在零件车的规定位置。

8 选用气门油封拆卸专用工具。

提示:

(1)检查工具是否完好;
(2)检查气门油封的安装位置。

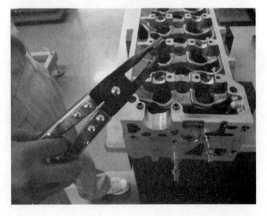

9 用气门油封专用工具进行拆卸。

提示:

（1）拆卸时必须垂直于气门导管位置进行拆卸；

（2）气门油封专用工具必须夹紧气门油封。

10 拆卸气门油封。

提示:

（1）取出时动作要轻，用力要均匀；

（2）拆卸后将其放置在零件车的规定位置。

11 用吸棒取出气门弹簧垫片。

提示:

（1）注意不要掉落；

（2）拆卸后将其放置在零件车的规定位置。

12 进、排气门的摆放。

提示:

将拆卸的气门调整垫片、气门挺杆、进气门、排气门、气门弹簧、弹簧座和锁片按正确的顺序排列放置在零件车的规定位置。

13 清洁、整理工具。

提示:

工具要清洁、整齐地摆放在工具车上。

七 考核标准

考 核 标 准 表

考核时间	序号	考核项目	满分	评分标准	得分
40min	1	着装规范	4分	酌情扣分	
	2	作业前整理工位	4分	酌情扣分	
	3	检查拆卸工具是否齐全	4分	检查不到位扣4分	
	4	选用气门拆装钳	4分	工具选取不当扣4分	
	5	调整气门拆装钳的压缩长度	4分	操作不当扣4分	
	6	用工具将压缩气门进行拆卸	10分	操作不当扣10分	
	7	选用磁性吸棒	4分	工具选取不当扣4分	
	8	用工具将气门锁片吸出	6分	操作不当扣6分	
	9	放松气门拆装钳并取下	4分	操作不当扣4分	
	10	用手拆卸气门弹簧座	6分	操作不当扣6分	
	11	用手拆卸气门弹簧	4分	操作不当扣4分	
	12	双手配合取下气门	8分	操作不当扣8分	
	13	选用气门油封拆卸专用工具	4分	工具选取不当扣4分	
	14	用工具拆卸气门油封	6分	操作不当扣6分	
	15	选用磁性吸棒	4分	工具选取不当扣4分	
	16	用工具吸出气门弹簧垫片	6分	操作不当扣6分	
	17	在零件车上正确摆放气门组件	4分	操作不到位扣4分	
	18	清洁、整理工具	4分	操作不当扣4分	
	19	整理工作台	4分	操作不当扣4分	
	20	安全操作	6分	跌落零件扣2分/次；损坏工具扣2分/次；扣完为止	
	21	其他		每超时1min扣2分，超时5min终止考试	
	22	遵守相关安全规范		因违规操作造成人身和设备事故的，总分按0分计	
分数合计			100分		

任务9 拆卸润滑系统部件

一 任务说明

1 油底壳的结构及作用

油底壳总成一般由油底壳分总成、放油塞、放油塞垫片、固定螺栓、固定螺母组成,如图9-1所示。油底壳的作用是存储机油并封闭曲轴箱。油底壳底部装有放油塞,有的放油塞是用磁性材料制成的,能吸收机油中的金属屑,以减少发动机运动零件的磨损。

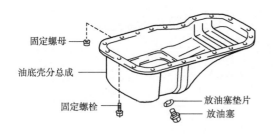

图9-1 油底壳的结构图

2 机油集滤器的结构及作用

机油集滤器一般由机油集滤器分总成、垫片、固定螺栓和固定螺母组成,如图9-2所示。机油集滤器安装在机油泵进油口前端,防止较大的金属杂质进入机油泵。

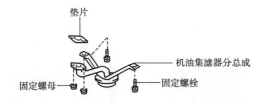

图9-2 机油集滤器的结构图

3 机油泵的结构及作用

发动机机油泵一般由机油泵分总成、垫片、机油泵油封、固定螺栓组成,如图9-3所示。机油泵的作用是把机油输送到发动机各摩擦部位,使机油在油路中循环,以保证发动机得到良好的润滑。丰田8A发动机的机油泵为齿轮泵,当发动机工作时,曲轴带动泵体的主动齿轮转动;齿轮甩动机油沿泵体内壁从进油口流至出油口,形成低压,产生吸力,机油箱内的机油即被吸入进油口。而此时出油口处的机油越积越多,因而压力增高,机油便被压到各摩擦部位,实现强制润滑。

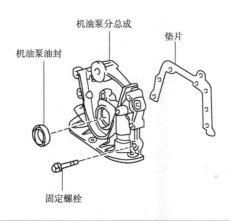

图9-3 机油泵结构图

4 后油封座的结构及作用

后油封座一般由后油封座、垫片、后油封、固定螺栓组成,如图9-4所示。它既能防止灰尘或污泥的侵入,又能保持曲轴有良好的润滑条件,延长曲轴的使用寿命。

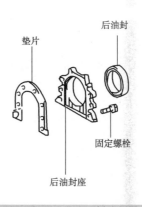

图9-4 后油封座结构图

二 实训时间 20min ★★

三 实训教学目标

（1）熟悉发动机润滑系统部件的结构及作用；
（2）掌握发动机润滑系统部件的正确拆卸顺序和方法。

四 实训器材

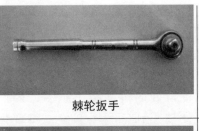
棘轮扳手

短接杆

10mm套筒

12mm套筒

油封切割器

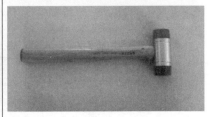
塑料锤

五 教学组织

1 教学组织形式

本课程为"工艺化"实训课，实训教师1名，学生24名，实训室共有6个实训工位，按照4人1个工位编组。

2 学生的站位分工和要求

学生按规定的工位站立，按教师的指令同时进行独立操作。

3 实训教师职责

播放教学视频，并讲解实训任务的操作步骤和相关注意事项；下达"开始操作"口令；巡视、检查、指导和纠正学生操作中的错误；课堂总结；组织学生对实训室进行清洁、整理。

4 学生职责

认真观看教学视频；完成教师布置的任务；做好课后的清洁、整理工作。

六 操作步骤

第一步 拆卸油底壳

1 转动翻转架将发动机倒置，油底壳朝上。

提示：
将油底壳倒置之前要保证油底壳内无机油，否则机油会通过汽缸流到翻转架上。

2 用10mm套筒、短接杆、棘轮扳手按规定顺序松动油底壳固定螺栓。

提示：

（1）油底壳固定螺栓的松动顺序如下图所示；

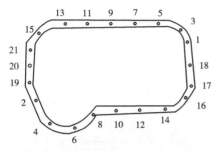

（2）工具用完后应清洁，并放到工具车内。

3 用手取下油底壳固定螺栓和固定螺母。

提示：

油底壳有2个固定螺母和19个固定螺栓。为防止零件遗漏，拆卸后应及时地将它们放置在零件车的指定位置内。

4 使用油封切割器铲除油底壳与汽缸之间的密封胶。

提示：

工具用完后应及时清洁，并将其放到工具车内。

5 取下发动机油底壳。

提示：

此时油底壳内可能还存有少量的机油，在取下油底壳时，为了防止机油滴到工作台或地上，应马上将油底壳正面朝上，然后用清洁布擦拭油底壳内剩余的少量机油。

6 把油底壳及油底壳螺栓放在零件车的指定位置内。

7 整理工具、工位。

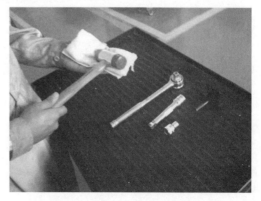

第二步 拆卸机油集滤器

1 用10mm套筒、短接杆、棘轮扳手旋出机油集滤器固定螺栓。

提示：
工具用完后应及时清洁，并将它们放到工具车内。

2 用手取下机油集滤器总成。

提示：
此时机油集滤器内可能还存有少量的机油，在取下机油集滤器时，为了防止机油滴到工作台或地上，应将机油集滤器内的少量机油倒入机油收集器内。

3 用手取下机油集滤器垫片。

提示：
机油集滤器垫片在安装时必须换用新品，旧的垫片会引起机油集滤器密封不严。

4 把机油集滤器、垫片放在零件车的指定位置内。

5 整理工具、工位。

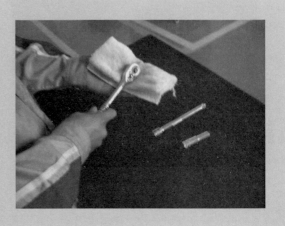

♠ 第三步 拆卸机油泵

1 用12mm套筒、棘轮扳手、短接杆旋出机油泵固定螺栓。

2 用塑料锤轻轻敲击机油泵。

3 用手取下机油泵。

4 用手取下机油泵垫片。

5 把机油泵、固定螺栓和垫片放在零件车的指定位置内。

提示:
机油泵垫片在安装时必须更换新品,旧的垫片会引起机油泵密封不严、漏油等现象。

6 用10mm套筒、棘轮扳手旋出后油封座固定螺栓。

7 用塑料锤轻轻敲击后油封座。

提示:
敲击时用力要小,以免损坏机油泵。

8 用手取下后油封座。

9 用手取下后油封座垫片。

提示：
后油封座垫片在安装时必须更换新品，旧的垫片会引起油封密封不严、漏油等现象。

10 把后油封、固定螺栓、垫片放到零件车的指定位置内。

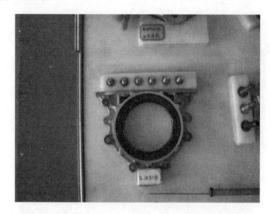

11 整理工具、工位。

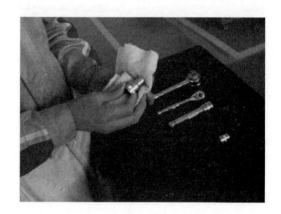

七 考核标准

考 核 标 准 表

考核时间	序号	考 核 项 目	满分	评分标准	得分
20min	1	作业前整理工位	5分	酌情扣分	
	2	转动翻转架将发动机倒置	4分	未操作全扣	
	3	用10mm套筒、短接杆、棘轮扳手按规定顺序松动油底壳固定螺栓	12分	未按规定顺序拧松扣8分	
	4	用手取下油底壳固定螺栓	4分	未操作全扣	
	5	使用油封切割器	6分	未操作全扣	
	6	取下发动机油底壳	4分	未操作全扣	
	7	把油底壳及油底壳螺栓放到零件车的指定位置	4分	零件每遗漏一样扣1分	
	8	用10mm套筒、短接杆、棘轮扳手旋出机油集滤器固定螺栓	8分	酌情扣分，未操作全扣	
	9	用手取下机油集滤器总成	4分	未操作全扣	
	10	把机油集滤器、垫片放到零件车的指定位置内	4分	零件每遗漏一样扣1分	
	11	用12mm套筒、棘轮扳手、短接杆旋出机油泵固定螺栓	8分	酌情扣分，未操作全扣	

续上表

考核时间	序号	考核项目	满分	评分标准	得分
20min	12	用手取下机油泵	4分	未操作全扣	
	13	用手取下机油泵垫片	4分	未操作全扣	
	14	把机油泵、固定螺栓和垫片放到零件车的指定位置内	4分	零件每遗漏一样扣1分	
	15	用10mm套筒、棘轮扳手旋出后油封座固定螺栓	4分	酌情扣分，未操作全扣	
	16	用塑料锤轻轻敲击后油封座	4分	未操作全扣	
	17	用手取下后油封座	4分	未操作全扣	
	18	用手取下后油封座垫片	4分	未操作全扣	
	19	把后油封、固定螺栓、垫片放到零件车的指定位置内	4分	零件每遗漏一样扣1分	
	20	清理工具，将工具放置原位	5分	酌情扣分	
	21	遵守相关安全规范		因违规操作造成人身和设备事故的，总分按0分计	
分数合计			100分		

任务 9 拆卸润滑系统部件

任务10 拆卸活塞连杆组

一 任务说明

1 活塞连杆组的组成

发动机活塞连杆组一般由活塞环组件、连杆轴承、活塞分总成、连杆分总成、连杆螺母等部件组成,如图10-1所示。

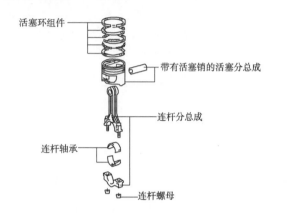

图10-1 活塞连杆组的结构图

2 活塞连杆组各部件的作用

(1)活塞。活塞的作用是承受汽缸中的气体压力,并通过活塞销将力传给连杆驱使曲轴旋转,活塞顶部还与汽缸盖、汽缸壁共同组成燃烧室。

(2)活塞环。活塞环包括气环和油环两种。气环的作用是保证活塞与汽缸壁之间的密封,防止汽缸中高温、高压燃气漏到曲轴箱中,同时还将活塞顶部的大部分热量传给汽缸壁,再由冷却液或空气带走。油环用来刮去汽缸壁上多余的机油,并在汽缸壁面上涂抹一层均匀的机油膜,这样既可以防止机油窜入汽缸内燃烧,又可以减小活塞、活塞环与汽缸壁的磨损和摩擦阻力。

(3)活塞销。活塞销的作用是连接活塞和连杆小头,将活塞承受的气体作用力传给连杆。

(4)连杆。连杆的作用是连接活塞和曲轴,把活塞的上下往复运动转变为曲轴的旋转运动,并将活塞承受的力传给曲轴。

二 实训时间 30min ★★★

三 实训教学目标

(1)熟悉活塞连杆组的组成及作用;
(2)掌握正确拆卸活塞连杆组的顺序和方法。

四 实训器材

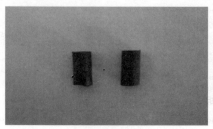

塑料保护套

14mm套筒

短接杆

| 塑料锤 | 棘轮扳手 | 指针式扭力扳手 | 清洁布 |

五 教学组织

1 教学组织形式

本课程为"工艺化"实训课,实训教师1名,学生24名,实训室共有6个实训工位,按照4人1个工位编组。

2 学生的站位分工和要求

学生按规定的工位站立,按教师的指令同时进行独立操作。

3 实训教师职责

播放教学视频,并讲解实训任务的操作步骤和相关注意事项;下达"开始操作"口令;巡视、检查、指导和纠正学生操作中的错误;课堂总结;组织学生对实训室进行清洁、整理。

4 学生职责

认真观看教学视频;完成教师布置的任务;做好课后的清洁、整理工作。

六 操作步骤

第一步 拆出活塞连杆组

1 旋转曲轴,使第一缸活塞处于下止点位置。

提示:
(1)以下操作以发动机的第1缸拆卸为例;
(2)用手旋转曲轴皮带轮使活塞处于下止点位置。

2 用手检查缸肩积炭情况。

提示:
(1)检查时,可以直接用手触摸缸肩部分一圈,感觉是否有积炭;
(2)若缸肩有积炭,应用刮刀清除。

3 用指针式扭力扳手和14mm套筒、短接杆松动连杆螺母。

提示：

（1）分2次松动连杆螺母；

（2）工具用完后应清洁，并将工具放到工具车内。

4 用棘轮扳手和14mm套筒、短接杆旋出连杆螺母。

提示：

（1）连杆螺母应留有几扣螺纹在连杆螺栓上，防止连杆螺母落地；

（2）工具用完后应清洁，并将工具放到工具车内。

5 用手取下连杆螺母。

提示：

用手将连杆螺母稍微旋出几扣螺纹即可取下连杆螺母。

6 用塑料锤轻轻敲击连杆螺栓。

提示：

（1）用塑料锤敲击连杆螺栓的目的是松动连杆轴承盖，方便取下连杆轴承盖；

（2）工具用完后应清洁，并将其放到工具车内。

7 用手取下连杆轴承盖。

提示：

用手取下连杆轴承盖时，可左右晃动连杆轴承盖，方便取下轴承盖，但用力要小、要均匀，防止损坏轴承盖上的螺孔与连杆螺栓之间的螺纹配合。

8 把塑料保护套套在连杆螺栓上。

提示：

如果不装上塑料保护套，很可能在活塞连杆组推出汽缸的过程中，连杆螺栓会划伤连杆轴颈和汽缸壁。

9 用锤柄推连杆大端。

提示:

拆卸过程中，左手托住连杆大端（下），右手用锤柄轻轻敲击连杆大端（上），直至活塞伸出汽缸。

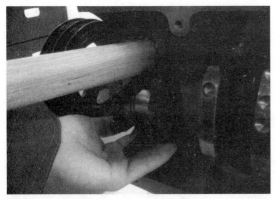

10 用手将活塞连杆组从汽缸内取出。

提示:

用手取出活塞连杆组时，用力要小，防止活塞裙部划伤汽缸壁。

11 用手取下塑料保护套。

提示:

塑料保护套用完后应清洁，并将其放到工具车内。

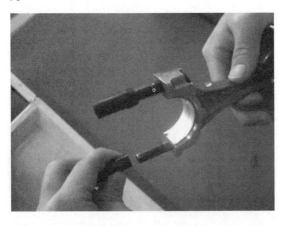

12 组装活塞连杆组。

提示:

将连杆轴承盖及螺母装回连杆，视连杆有无记号进行：有记号按记号方向安装；无记号则需做好原先位置的记号，然后再安装。

13 将活塞连杆组放到零件车指定位置。

14 整理工具、工位。

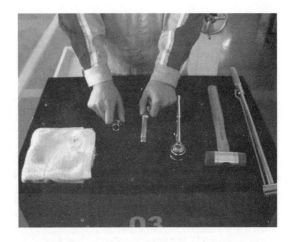

第二步 拆卸活塞环

1 将棉布放在台虎钳上。

提示：

棉布应放在台虎钳两钳口之间。

2 将活塞连杆夹在台虎钳上，用棉布垫在台虎钳与活塞之间。

提示：

在活塞连杆组与台虎钳之间放棉布的目的是防止台虎钳夹伤活塞连杆组。

3 用活塞环拆装钳拆下第一道气环。

提示：

应平端活塞环拆装钳；张开活塞环时，用力要小、要均匀，以免折断活塞环。

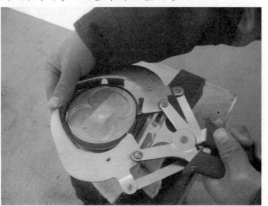

4 用活塞环拆装钳拆下第二道气环。

提示：

（1）应平端活塞环拆装钳；张开活塞环时，用力要小、要均匀，以免折断活塞环；

（2）工具用完后应清洁，并将其放到工具车内。

5 用手拆下油环的上刮油环。

提示：

用手拆卸刮油环时，用力要小，以免折断上刮油环。

6 用手拆下油环的下刮油环。

提示：

用手拆卸下刮油环时，用力要小，以免使其折断。

7 用手拆下油环的油环弹簧。

提示：

用手拆卸油环弹簧时，用力要小，以免折断弹簧。

8 将活塞环按顺序放在指定位置。

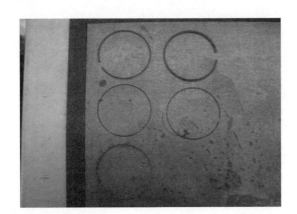

9 整理工具、工位。

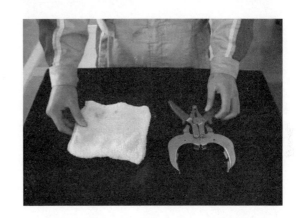

七 考核标准

考核标准表

考核时间	序号	考核项目	满分	评分标准	得分
20min	1	作业前整理工位	6分	酌情扣分	
	2	清洁工具	6分	未清洁每次扣1分	
	3	转动翻转架将发动机平置	3分	操作不当扣3分	
	4	检查缸肩积炭情况	6分	操作不当扣5分	
	5	合理选用工具（a.指针式扭力扳手+短接杆、14mm套筒；b.棘轮扳手+短接杆、14mm套筒；c.塑料锤；d.塑料保护套；e.活塞环拆装钳）	10分	每选错一次扣2分	
	6	合理使用工具拆下连杆轴承螺母（用扭力扳手松动螺母，用棘轮扳手旋出螺母，用手取下螺母）	15分	错误手势一次扣2分	
	7	用塑料锤轻轻敲击两个连杆螺栓	5分	操作错误扣5分	
	8	用手取下连杆轴承盖	3分	操作不当扣3分	
	9	把塑料保护套套在连杆螺栓上	8分	操作不当扣7分	
	10	用锤柄推连杆大端	4分	操作不当扣4分	
	11	用手将活塞连杆组从汽缸内取出	3分	操作不当扣2分	
	12	取下塑料保护套	2分	操作不当扣2分	
	13	组装连杆轴承、轴承盖和连杆	4分	操作不当扣4分	
	14	在台虎钳上合理装夹活塞连杆组	4分	操作不当扣4分	
	15	使用活塞环拆装钳拆下各道活塞环（两道气环、一道油环，其中油环包括上、下刮油环，油环弹簧）	15分	每道环拆卸不当扣3分	
	16	作业后整理工具、工位	6分	酌情扣分	
	17	遵守相关安全规范		因违规操作造成人身和设备事故的，总分按0分计	
		分数合计	100分		

任务 11 拆卸曲轴

一 任务说明

1 曲轴的组成

丰田8A发动机曲轴主要由以下3部分组成,如图11-1所示。

(1)曲轴的前端轴;
(2)主轴颈、连杆轴颈、曲柄;
(3)曲轴的后端凸缘。

2 曲轴的作用

曲轴的作用是承受连杆传来的力,并由此产生绕其本身轴线的力矩,对外输出转矩。同时,驱动配气机构和其他辅助装置运转,如风扇、水泵、发电机等。

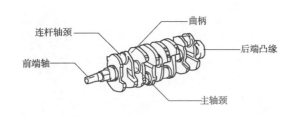

图11-1 曲轴的结构图

二 实训时间 15min ★

三 实训教学目标

(1)熟悉曲轴的作用、各零部件的组成;
(2)掌握正确的曲轴拆卸顺序和方法。

四 实训器材

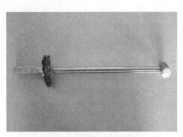

指针式扭力扳手

棘轮扳手

短接杆

14mm套筒

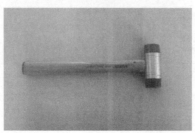

塑料锤

清洁布

五 教学组织

1 教学组织形式

本课程为"工艺化"实训课,实训教师1名,学生24名,实训室共有6个实训工位,按照4人1个工位编组。

2 学生的站位分工和要求

学生按规定的工位站立,按教师的指令同时进行独立操作。

3 实训教师职责

播放教学视频,并讲解实训任务的操作步骤和相关注意事项;下达"开始操作"口令;巡视、检查、指导和纠正学生操作中的错误;课堂总结;组织学生对实训室进行清洁、整理。

4 学生职责

认真观看教学视频;完成教师布置的任务;做好课后的清洁、整理工作。

六 操作步骤

♣ 拆卸曲轴

1 用14mm套筒、短接杆、指针式扭力扳手松动曲轴轴承盖螺栓。

提示:

(1)确认曲轴轴承盖上有无配对标记,若没有应做标记;
(2)从中间向两边分2~3次对称地拧松螺栓;
(3)曲轴轴承盖螺栓的拧松顺序为1-5-2-4-3;
(4)工具用完后应进行清洁,并将其放到工具车内。

2 用14mm套筒、短接杆、棘轮扳手旋出曲轴轴承盖螺栓。

提示:

(1)曲轴轴承盖螺栓的旋出顺序为1-5-2-4-3;
(2)工具用完后应进行清洁,并将其放在工具车内。

3 用塑料锤轻轻敲击曲轴轴承盖的侧面。

提示:

(1)敲击时用力要小,以免损坏曲轴轴承盖与轴承座之间的配合面;
(2)工具用完后应进行清洁,并将其放在工具车内。

4 用手晃动曲轴轴承盖,取下曲轴轴承盖。

提示:

(1)应左右方向晃动曲轴轴承盖,直到取下曲轴轴承盖为止;
(2)按1-5-2-4-3顺序依次拆下曲轴轴承盖。

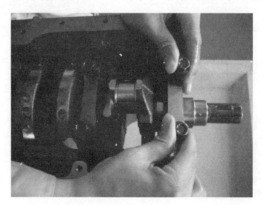

5 拆卸第3道轴承盖两侧两片下半圆推力环。

提示：
左右两片下半圆推力环拆卸后，应按顺序摆放，防止因左右位置错位而影响两片下半圆推力环与轴承盖之间的配合。

6 把轴承盖螺栓、轴承盖、半圆推力环、轴瓦按指定位置摆放。

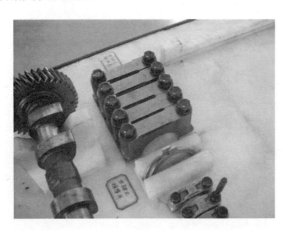

7 两人配合将曲轴抬起，放到指定位置。

提示：
一人双手握住曲轴的前端轴，另一人双手握住曲轴的后端凸缘。

8 用手取下两片上半圆推力环，放到指定位置。

提示：
左右两片上半圆推力环拆卸后，应按顺序摆放，防止因左右位置错位而影响两片下半圆推力环与轴承座之间的正确配合。

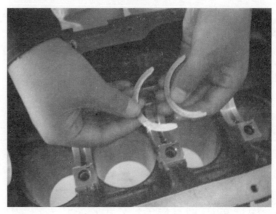

9 用手取下第5道上轴承，放到指定位置。

提示：
第5道上轴承取下后，应按顺序摆放，防止因错位而影响上轴承与轴承座之间的正确配合。

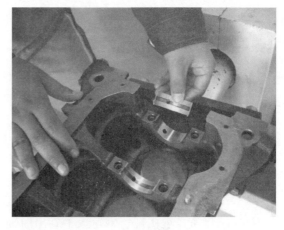

10 整理工具、工位。

七 考核标准

考 核 标 准 表

考核时间	序号	考 核 项 目	满分	评 分 标 准	得分
20min	1	作业前整理工位	12分	酌情扣分	
	2	清洁工具	12分	未清洁每次扣1分	
	3	合理选用工具（a.指针式扭力扳手+短接杆、14mm套筒；b.棘轮扳手+短接杆、14mm套筒；c.塑料锤）	8分	每选错一次扣1分	
	4	合理使用工具拆下连杆轴承螺母（用扭力扳手松动螺母，用棘轮扳手旋出螺母，后将其取下）	12分	错误手势一次扣2分	
	5	用塑料锤轻轻敲击曲轴轴承盖侧面	10分	操作错误扣5分	
	6	用手晃动曲轴轴承盖，并依次取出曲轴轴承盖	20分	每个轴承盖拆卸不当扣2分	
	7	拆卸第3道轴承盖两侧两片下半圆推力环	4分	操作不当2分	
	8	将轴承盖螺栓、轴承盖、半圆推力环、轴瓦按指定位置摆放	6分	操作不当3分	
	9	用手取下曲轴上轴瓦	4分	操作不当2分	
	10	作业后整理工具、工位	12分	酌情扣分	
	11	遵守相关安全规范		因违规操作造成人身和设备事故的，总分按0分计	
		分数合计	100分		

任务 11 拆卸曲轴

任务 12 检测汽缸体

一 任务说明

1 汽缸体平面度的检修

汽缸体和汽缸盖在使用过程中，往往会产生变形，从而破坏零件的几何形状，使配合表面的相对位置误差增加，变形超过允许限度时将引起漏水、窜气、冲坏汽缸垫等。

2 汽缸磨损的特点和原因

汽缸孔磨损后，其沿汽缸轴向通常呈上大下小的锥形；沿汽缸径向截面，通常磨损成为形状不规则的椭圆形。汽缸孔口处，活塞环未接触的部位几乎没有磨损，形成孔肩，又称缸肩。同一台发动机各个汽缸的磨损程度也不一致。

（1）导致汽缸锥形磨损的主要原因是：活塞环作用于汽缸壁上的压力，从下到上由小变大；汽缸壁润滑条件从上到下逐渐变差；汽缸上壁的油膜易被烧损，暴露的汽缸壁被燃料燃烧生成的有机酸所腐蚀；空气中带入的尘粒较多地沉积在汽缸上壁，形成磨料磨削作用。

（2）导致汽缸出现椭圆形磨损的主要原因是：活塞在压缩和做功行程中，连杆受力在汽缸径向的分力使活塞紧压发动机横向截面，由于压缩和做功时连杆受力大小不同，使汽缸壁左右磨损不均匀，操作分离离合器时，作用在曲轴上的轴向力使曲轴向前窜动，连杆在曲轴轴向产生的轴向力作用下使活塞沿发动机纵向贴靠汽缸的前后壁，造成偏磨。发动机结构也决定了汽缸容易形成椭圆形，如面对进气流的缸壁，受气流中尘埃、燃油雾粒沉积和冷却作用，磨损相对严重些。

3 汽缸磨损的检修

汽缸的磨损程度一般通过测量汽缸的圆度、圆柱度来确定。

（1）根据汽缸直径尺寸，选择合适的测量连杆。

（2）将千分尺校正到被测汽缸的标准尺寸后，将百分表校准到千分尺的尺寸，并使伸缩杆有2mm左右的压缩行程，旋转表盘，使表针对正零位。

（3）将百分表的测杆伸入到汽缸上部，对准第1道活塞环下沿在上止点位置时所对应的汽缸壁，分别测量垂直和平行于曲轴轴线方向的汽缸直径；将百分表下移，用同样方法测量汽缸中部（上下止点中间处）、下部（距汽缸下边缘10mm左右处）的直径。

（4）测量时，应注意使百分表的测杆与汽缸轴线保持垂直。当摆动百分表时，其指针指示到最小读数时，即表示百分表的测杆已垂直于汽缸轴线，这时记录读数才准确。

（5）圆度=$(D_{max}-D_{min})/2$。D_{max}和D_{min}分别为同一横截面内最大和最小测量直径。圆柱度=$(D_{max}-D_{min})/2$。D_{max}和D_{min}分别为全部测量值中最大和最小测量直径。

二 技术标准与要求

1 汽缸体的最大平面度

汽缸体的最大平面度为0.05mm。

2 标准汽缸孔径

标准汽缸孔径有3级尺寸，分别标记"1""2"和"3"，这个标记打在汽缸体上面。

3 标准缸径

（1）标记"1"的汽缸，其标准缸径为78.70~78.71mm；

（2）标记"2"的汽缸，其标准缸径为78.71~78.72mm；

（3）标记"3"的汽缸，其标准缸径为78.72~78.73mm。

4 最大缸径

最大缸径为78.93mm，加大尺寸为0.50mm，加大后的尺寸为79.43mm。

三 实训时间 60min ★★★★★★

四 实训教学目标

（1）了解汽缸变形的特点和原因；
（2）掌握正确测量汽缸体平面度和汽缸内径的方法。

五 实训器材

清洁布

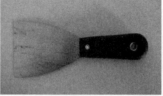
铲刀

气枪

刀口尺

塞尺

游标卡尺

外径千分尺

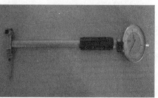
量缸表

六 教学组织

1 教学组织形式

本课程为"工艺化"实训课，实训教师1名，学生24名，实训室共有6个实训工位，按照4人1个工位编组。

2 学生的站位分工和要求

学生按规定的工位站立，按教师的指令同时进行独立操作。

3 实训教师职责

播放教学视频，并讲解实训任务的操作步骤和相关注意事项；下达"开始操作"口令；巡视、检查、指导和纠正学生操作中的错误；课堂总结；组织学生对实训室进行清洁、整理。

4 学生职责

认真观看教学视频；完成教师布置的任务；做好课后的清洁、整理工作。

七 操作步骤

第一步 测量汽缸平面度

1 使用铲刀分别从两边由内向外铲掉汽缸平面上的杂质。

提示：

不要让杂质掉入汽缸或油道、水道、螺栓孔内。

2 使用清洁布由内往外擦掉汽缸平面上的杂质。

提示：

不要让杂质掉入汽缸或油道、水道、螺栓孔内。

3 使用压缩空气清洁缸体，先吹螺栓孔，再由中间向两边吹。

提示：

压缩空气不准对准人吹，特别是眼睛。

4 清洁塞尺。

5 清洁刀口尺。

6 在缸体上依次测量横向、纵向及交叉共6个位置的平面度，每个位置有5个测量点。

提示：

下面以纵向的中间测量点为例介绍缸体平面度的测量方法。

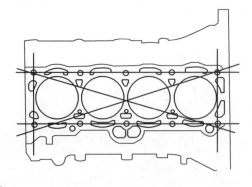

7 将刀口尺放到测量位置。

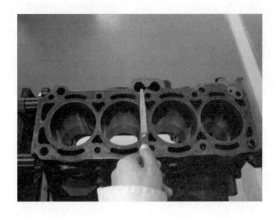

8 将塞尺插入刀口尺与汽缸体上平面之间的最大缝隙处，然后抽动塞尺。

提示：

（1）眼睛要与被测平面平齐；

（2）用塞尺从最小数值开始直到能抽出并有一定阻力为止；

（3）手一定要握在刀口尺的中间，防止刀口尺因单边受力而倾斜，导致测量结果失准；

（4）最大平面度为0.05 mm，如果平面度超过最大值，更换汽缸体。

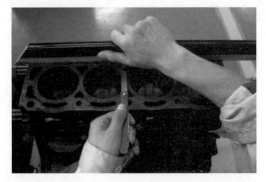

9 数据处理。

气缸体测量工作表

位置号	测量1	测量2	测量3	测量4	测量5	平面度
纵向1						
纵向1						
横向1						
横向1						
对角线1						
对角线1						

备注：测量点个数自己选择，测量值如果由于小于0.02mm而测不出来，表内值可以填写小于0.02mm

10 清洁量具。

第二步 测量汽缸内径

1 用蘸过煤油或柴油的抹布，对所要测量的汽缸壁进行清洁。

缸体一定要摆放平稳，汽缸壁清洁要全面。

2 清洁游标卡尺。

清洁部位为游标卡尺量爪测量端（含内径卡爪），若量爪测量端黏有杂质会引起测量误差，导致测量结果失真。

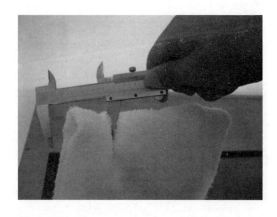

3 游标卡尺校零。

提示：

（1）游标卡尺未校零会影响测量结果。

（2）收拢游标卡尺卡爪，观察游标卡尺主副尺上的"0"刻度线应对准。

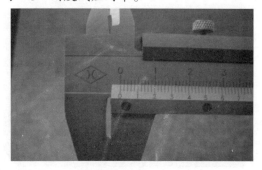

4 使用游标卡尺测量汽缸口处的直径，确定基本尺寸为78.7mm。

（1）测量时游标卡尺必须与汽缸平面垂直，当卡尺的两个内量爪贴近汽缸壁时应前后轻轻晃动，以取得测量时的最大直径，然后进行读数；

（2）在测量时应避免卡尺与汽缸平面倾斜，否则测量结果会偏小。

5 清洁千分尺的校量棒。

提示：
清洁时主要是用干净的抹布轻轻拭擦校量棒两端，不能用坚硬或者粗糙的东西接触校量棒两端。

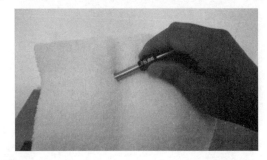

6 清洁千分尺。

提示：
清洁部位为千分尺的测砧与测微螺杆的测量面。不能用坚硬或者粗糙的东西接触千分尺测量面，若测砧与测微螺杆的测量面黏有脏物会引起测量误差，导致测量结果失准。

7 千分尺校零。

提示：
（1）在台虎钳的钳口处垫上木块，或者是抹布，防止损坏千分尺；
（2）校量棒要放平放稳，否则不准确；
（3）一手轻微来回转动校量棒，另一只手顺时针转动外径千分尺的旋钮，当测力装置发出2~3次连续的咔咔响声后停止，观察固定套筒与微分套筒上的"0"刻度应对准。

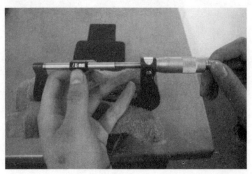

8 千分尺调到基本尺寸（78.700mm）并锁止。

9 检查百分表。
（1）清洁百分表。
（2）上下推动百分表测头，并观察百分表的指针每次都应回到同一位置。
（3）转动表盘，表盘应转动灵活并有较大阻力。

10 组装量缸表，先装上百分表，然后将百分表预压1mm，最后锁紧螺母。

提示：
百分表的小指针指向1mm处。

11 选择正确的测量杆，装上锁止螺母。

提示：
测量杆上的锁止螺母不要拧紧。

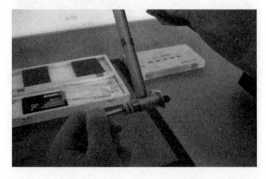

12 将量缸表放到千分尺上预压。

提示:

（1）眼睛与百分表平视；

（2）左手调节百分表测量杆，右手四指握住百分表。

13 转动测量连杆，对百分表进行预压。

提示:

用手转动测量连杆时用力要小而均匀。

14 将百分表的小指针预压到2mm处，然后拧紧接杆螺母，再用右手大拇指转动刻度盘，使得大指针对准"0"刻度。

提示:

（1）此时百分表的小指针应指向"2"，大指针指向"0"；

（2）调整完毕应再次对百分表进行校对，校对时，量缸表应在外径千分尺内前后、左右轻微摆动，其最小值均应为"0"，否则应重新转动表盘调整。

15 每缸测量6组数据：横向3组、纵向3组。

提示:

每个方向测量的位置分别为：各缸上（距离缸口10mm）、中、下(距离底部缸口10mm)。

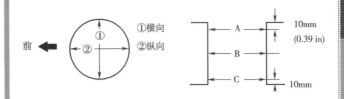

16 在测量汽缸直径时，要先将导向轮放入汽缸并使其贴着缸壁走，直到测杆达到待测位置。

提示:

当测量端放不进汽缸时千万不要硬放，否则会损坏百分表。

17 测量时要前后摆动百分表，当百分表指针顺时针最大偏转时的读数，即为该位置汽缸的直径。

提示:

测量时，视线应与百分表平行，若视线倾斜会影响读数的准确性。

18 数据处理。

提示：

（1）圆度：$(D_{max}-D_{min})/2$。D_{max}和D_{min}分别为同一横截面内最大和最小测量直径。然后在三组数据中取一最大值为此汽缸的圆度；

（2）圆柱度：$(D_{max}-D_{min})/2$。D_{max}和D_{min}分别为全部测量值中最大和最小测量直径。

气缸号	位置号	直径1（纵向）	直径2（横向）	圆度	圆柱度
1	位置1（上部）				
	位置2（中部）				
	位置3（下部）				
2	位置1（上部）				
	位置2（中部）				
	位置3（下部）				

续上表

气缸号	位置号	直径1（纵向）	直径2（横向）	圆度	圆柱度
3	位置1（上部）				
	位置2（中部）				
	位置3（下部）				
4	位置1（上部）				
	位置2（中部）				
	位置3（下部）				

处理结果：

19 清洁量具。

八 考核标准

考核标准表

考核时间	序号	考核项目	满分	评分标准	得分
30min	1	作业前整理工位	5分	酌情扣分	
	2	使用铲刀铲掉汽缸平面上的杂质	2分	未操作全扣	
	3	使用清洁布擦掉汽缸平面上的杂质	2分	未操作全扣	
	4	使用压缩空气清洁缸体	2分	未操作全扣	
	5	清洁塞尺	2分	未操作全扣	
	6	清洁刀口尺	2分	未操作全扣	
	7	依次测量横向、纵向及交叉6个位置的平面度	10分	酌情扣分，未操作全扣	
	8	将塞尺放到测量位置	2分	未操作全扣	
	9	将刀口尺压在塞尺上，然后抽动塞尺	2分	未操作全扣	
	10	数据处理	4分	酌情扣分，未操作全扣	
	11	用清洁布清洁汽缸壁	2分	未操作全扣	
	12	清洁游标卡尺	2分	未操作全扣	
	13	游标卡尺校零	2分	未操作全扣	
	14	用游标卡尺测量汽缸的直径，确定基本尺寸	3分	未操作全扣	
	15	清洁千分尺的校量棒	2分	未操作全扣	
	16	清洁千分尺	2分	未操作全扣	
	17	千分尺校零	2分	未操作全扣	
	18	千分尺调到基本尺寸并锁上	2分	未操作全扣	
	19	清洁百分表	2分	未操作全扣	
	20	组装百分表，对百分表预压1mm	4分	酌情扣分，未操作全扣	
	21	选择正确的测量杆，装上锁止螺母	5分	酌情扣分，未操作全扣	
	22	将百分表放到千分尺上预压	4分	酌情扣分，未操作全扣	
	23	转动测量连杆，对百分表进行预压	4分	酌情扣分，未操作全扣	
	24	百分表调零	4分	酌情扣分，未操作全扣	
	25	测量汽缸	10分	测量点位置错误一次扣1分	
	26	数据处理	12分	每出现一个数据错误扣0.5分	
	27	清理工具，将工具放置原位	5分	酌情扣分	
	28	遵守相关安全规范		因违规操作造成人身和设备事故的，总分按0分计	
		分数合计	100分		

任务 13 检测活塞连杆组

一、任务说明

活塞连杆组是发动机重要的传力机件，在高温、高压和高速运动条件下工作，容易产生磨损和变形，使各零件之间的配合间隙增大，造成曲柄连杆机构的各种异响及故障。如活塞与汽缸壁之间、活塞环与活塞环槽之间因磨损造成配合间隙过大，会引起汽缸压缩压力下降，发动机性能恶化，可燃气体窜入曲轴箱影响润滑油品质以及易引起曲轴箱爆燃事故和活塞敲缸异响等。因此，活塞连杆组是发动机大修的重要任务，其技术状况的好坏，对发动机动力性和经济性的影响特别明显。

1 测量活塞直径

汽缸内径加工时的公差须根据活塞裙部直径的公差确定，以保证活塞和汽缸的配合间隙。检查活塞和汽缸的配合间隙方法是用百分表和外径千分尺分别测量出汽缸和活塞裙部的直径，两者之差为它们的配合间隙。丰田8A发动机的标准配合间隙为0.075~0.095mm，最大间隙为0.115mm。如果最大间隙超过最大值，则更换所有4个活塞并重新镗削所有4个汽缸。如有必要则更换汽缸体。用外径千分尺量取活塞裙部的直径，测量位置为活塞裙部距活塞顶部28.5mm处。然后根据汽缸内径计算出汽缸和活塞裙部的直径的配合间隙。

2 活塞环的常见损伤

活塞环在高温、高压、润滑条件极差的环境下工作，磨损是其最主要的失效形式。它是活塞连杆组中磨损最快的零件，尤其是第一道活塞环的磨损最为剧烈。活塞环磨损的特点是环端及外径磨损快，弹性逐渐减弱，侧隙、端隙增大，密封性变差，容易出现窜油、漏气等现象，使发动机动力下降，油耗增加。除磨损失效外，断裂也是活塞环常见的损坏形式。由于活塞环脆性较大，如果在安装时方法不当，或活塞环的边隙、端隙过小和发动机爆燃，以及大负荷的撞击都会造成活塞环断裂。

3 活塞环侧隙的修配

侧隙是指活塞环在环槽内的上下间隙。侧隙过大将影响活塞环的密封作用，过小则可能使活塞环卡死在环槽内，造成拉缸事故。测量时，将活塞环放在环槽内，围绕环槽旋转一周，应能自由活动，既不松动又无阻滞现象。用塞尺测其间隙大小，若侧隙过小，可将环放在平板上面的砂布上研磨；过大则应另选新活塞环。

4 活塞环端隙的修配

端隙是指当活塞环置于待配汽缸内时，在环的开口处呈现的间隙。它是为防止活塞环受热膨胀卡死在汽缸内而设置的。检验活塞环的端隙，是先将活塞环平整地放在待配的汽缸内，用未安装活塞环的活塞头部将活塞环推平到汽缸下部未磨损处（推入活塞环到距汽缸体顶面97 mm处），再用塞尺测量一下。若端隙过小，可以修锉活塞环某一断面，使其符合要求；端隙过大则应更换活塞环。修配好的活塞环按缸序成组放置。

5 连杆常见损伤和检测方法

连杆的工作条件恶劣，受力复杂，润滑条件差，使其在工作中除会产生大小头座孔磨损、螺纹孔损坏和大头接合面损伤外，还会出现弯曲、扭曲和双弯曲以及断裂等现象。

变形是连杆损伤的最常见形式。连杆变形后，使活塞在汽缸中的正确位置发生改变，造成活塞与缸壁、连杆轴承与轴颈偏磨以及活塞组与汽缸间漏气和窜油。另外，连杆大小头座孔磨损和螺纹孔损坏，不仅改变间隙，产生异响，而且能破坏润滑条件，导致事故发生。因此，在修理时要认真地检修、校正，可以用连杆检验校正仪测出连杆的弯曲度和扭曲度。

二 技术标准与要求

（1）标准活塞直径有3级尺寸，分别标记"1""2"和"3"，其标记打在活塞顶上；

（2）活塞标准直径：

①标记"1"的活塞，其标准直径为78.615~78.625mm；

②标记"2"的活塞，其标准直径为78.625~78.635mm；

③标记"3"的活塞，其标准直径为78.635~78.645mm。

（3）第一道气环的标准侧隙为0.040~0.080mm；

（4）第二道气环的标准侧隙为0.030~0.070mm；

（5）第一道气环的标准端隙为0.250~0.450mm；

（6）第二道气环的标准端隙为0.350~0.600mm；

（7）油环的标准端隙为0.150~0.500mm；

（8）第一道气环的最大端隙为1.050mm；

（9）第二道气环的最大端隙为1.200mm；

（10）油环的最大端隙为1.100mm；

（11）连杆的最大弯曲为0.050mm/1000mm；

（12）连杆的最大扭曲为0.050mm/100mm。

三 实训时间 60min ★★★★★

四 实训教学目标

（1）了解活塞连杆组常见的损伤；
（2）掌握活塞、活塞环、连杆的检测方法。

五 实训器材

清洁布

外径千分尺

气枪

记号笔

塞尺

游标卡尺

连杆检验校正仪

六 教学组织

1 教学组织形式

本课程为"工艺化"实训课，实训教师1名，学生24名，实训室共有6个实训工位，按照4人1个工位编组。

2 学生的站位分工和要求

学生按规定的工位站立，按教师的指令同时进行独立操作。

3 实训教师职责

播放教学视频，并讲解实训任务的操作步骤和相关注意事项；下达"开始操作"口令；巡视、检查、指导和纠正学生操作中的错误；课堂总结；组织学生对实训室进行清洁、整理。

4 学生职责

认真观看教学视频；完成教师布置的任务；做好课后的清洁、整理工作。

七 操作步骤

🌲 第一步 测量活塞直径

1 将活塞放置台虎钳上。

提示:

在钳口与活塞之间垫上抹布,防止钳口损坏活塞连杆组。

2 查看活塞顶部直径级别。

提示:

标准活塞直径有3级尺寸,分别标记"1""2"和"3",标记打在活塞顶上。

（1）标记"1"的活塞,其标准直径为78.615~78.625mm;

（2）标记"2"的活塞,其标准直径为78.625~78.635mm;

（3）标记"3"的活塞,其标准直径为78.635~78.645mm。

3 清洁千分尺的校量棒。

提示:

清洁时主要是用干净的抹布轻轻拭擦校量棒两端,严禁使用坚硬或粗糙的东西接触校量棒两端。

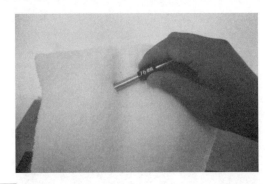

4 清洁千分尺。

提示:

清洁部位为千分尺的测砧与测微螺杆的测量面。严禁使用坚硬或粗糙的东西接触千分尺测量面,若测砧与测微螺杆的测量面黏有脏物会引起测量误差,导致测量结果失准。

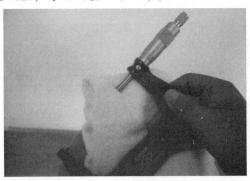

5 千分尺调零。

提示:

校量棒要平稳放置,否则会导致测量不准确；在台虎钳的钳口处垫上木块,或者抹布,防止损坏千分尺。

校准时,一只手轻微来回转动校量棒,另一只手顺时针转动微分筒,当测力装置2~3次连续发出咔咔响声时停止转动,观察固定套筒与微分筒的"0"刻度对准。

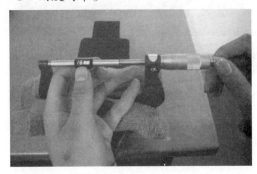

6 清洁游标卡尺。

提示:

清洁部位为游标卡尺量爪测量端,若量爪测量端黏有杂质会引起测量误差,导致测量结果失真。

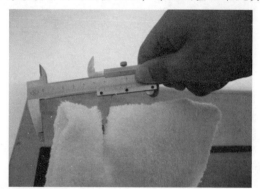

7 游标卡尺校零。

提示:

(1)游标卡尺未校零会影响测量结果;

(2)收拢游标卡尺的卡爪,观察主副尺上的"0"刻线应对准。

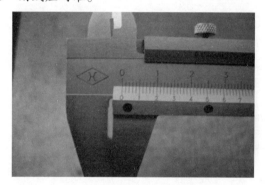

8 将游标卡尺调到28.5mm后锁止。

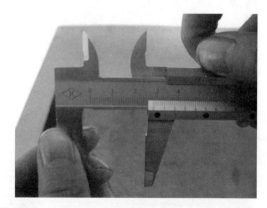

9 在活塞裙部相应位置做好记号。

提示:

距离活塞顶部28.5mm处,为该活塞的直径测量点。

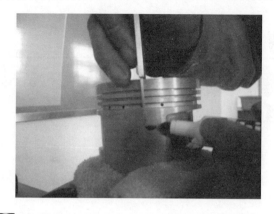

10 在距活塞顶28.5mm处测量活塞直径。

提示:

若为平端千分尺,千分尺的测砧与活塞裙部应为面接触,若为线接触或者点接触都会影响测量结果。

11 清洁活塞裙部的记号。

12 清洁量具。

🌲 第二步 测量活塞环侧隙

1 用清洁布清洁活塞环。

提示:

活塞环上有杂质会影响测量结果。

2 用压缩空气吹净活塞环。

提示:

压缩空气不准对准人吹,特别是眼睛。

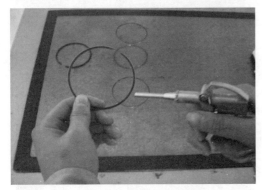

3 清洁塞尺。

提示:

塞尺上有杂质会影响测量结果。

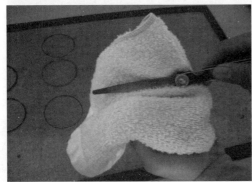

4 在活塞顶部做好测量位置的记号。

提示:

活塞环侧隙测量点分为3点,每个测量点各错开120°。

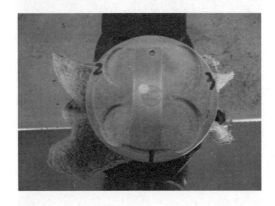

5 检查第一道气环侧隙(位置一)。

提示:

(1)测量时,将环放在环槽内,围绕环槽旋转一周,应能自由活动,既不松动又无阻滞现象;

(2)根据标准侧隙选择塞尺厚度,正常侧隙应为0.04~0.08mm。

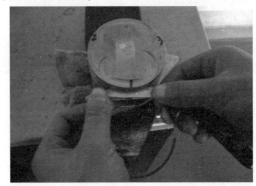

6 检查第一道气环侧隙(位置二)。

提示:

根据标准侧隙选择塞尺厚度,正常侧隙应为0.04~0.08mm。

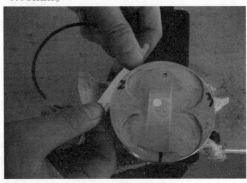

7 检查第一道气环侧隙(位置三)。

提示:

根据标准侧隙选择塞尺厚度,正常侧隙应为

0.04~0.08mm。

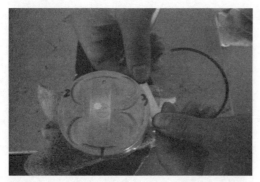

9 清洁塞尺。

8 用清洁布清除记号。

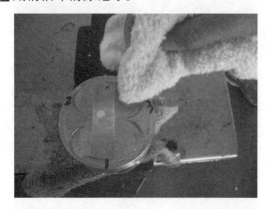

10 整理量具。

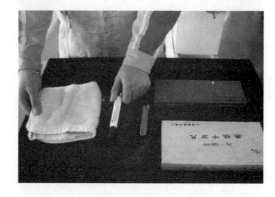

第三步 测量活塞环端隙

1 用清洁布清洁活塞环。

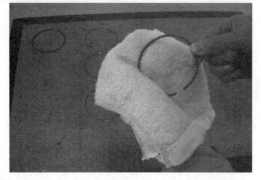

3 将第一道气环放入相对应的汽缸。

2 测量活塞的高度，然后将游标卡尺调到34mm处并锁止。

提示:

测量活塞环端隙时，应将活塞环平推到距离汽缸顶面97mm处。为方便活塞环能够准确到达测量位置，活塞环距离汽缸顶面为97mm，即活塞高度+34mm。

4 将活塞环平推到指定位置。

提示:

活塞环到达指定位置（如下图所示）:

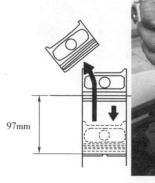 

5 用游标卡尺检查第一道活塞环是否达到指定的检测位置。

推入活塞环到活塞下端距汽缸体顶面34 mm处。

6 用塞尺检查第一道活塞环端隙。

测量方法见下图。

7 根据活塞环的标准端隙选择塞尺的厚度。

各道活塞环的标准端隙见下表。

活 塞 环	端　隙
第一道气环	0.25~0.45mm
第二道气环	0.35~0.60mm
油环	0.15~0.50mm

8 清洁量具。

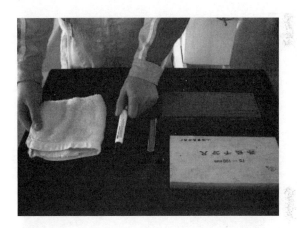

第四步　检测连杆

1 清洁百分表。

若百分表的表头黏有脏物会影响测量结果。

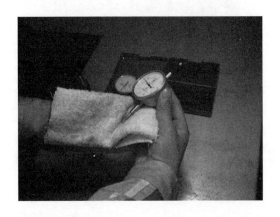

2 清洁张紧块。

根据连杆轴颈的大小，选择合适的张紧块，张紧块尺寸为$\phi 38\sim\phi 50$。

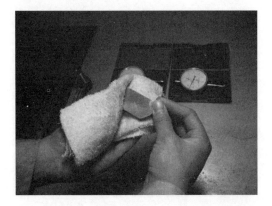

任务 13　检测活塞连杆组

3 安装张紧块。

提示：

张紧块安装应均匀，两边平衡，防止因安装不到位引起测量结果失准，见下图。

4 将连杆侧装入连杆校正仪的芯轴处。

5 旋紧锁止螺母，使张紧块顶住连杆不动。

提示：

（1）张紧块在张紧时要保持轴向平衡，以保证连杆装夹精度；

（2）禁止无限度张紧，否则将损坏连杆轴承。

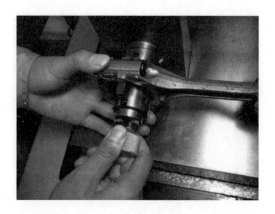

6 组装"测量扭曲"百分表和"测量弯曲"百分表。

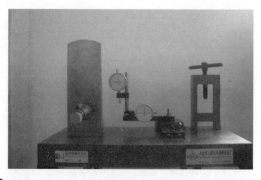

7 调整"测量弯曲"百分表，使百分表头贴近活塞销轴向侧面，并对百分表预压。

提示：

百分表的调整螺母必须锁紧，否则会因为百分表松动影响到测量结果；若百分表的测量杆不与曲轴平行，或不进行百分表预压，都会引起测量结果失准。

8 转动刻度盘，使得百分表大指针对准"0"刻度。

9 调整"测量扭曲"百分表，使百分表头紧贴在活塞销轴向面上，并对百分表预压。

提示:

百分表的调整螺母必须锁紧,否则会因百分表松动影响测量结果;若百分表的测量杆不与曲轴平行,或不进行百分表预压,都会导致测量结果失准。

10 转动刻度盘,使得百分表的大指针对准"0"刻度。

11 前后移动滑道推拉手柄。

提示:

测量前应左右晃动一下百分表的推拉手柄,视百分表指针有无变化,若有变化应调整滑道间隙。

12 读数:连杆扭曲度为0.04mm。

提示:

最大扭曲度为0.05 mm / 100 mm,如果扭曲度超过最大值,则更换连杆总成。

13 读数:连杆弯曲度为0.03mm。

提示:

最大弯曲度为0.05 mm/ 100 mm,如果弯曲度超过最大值,应更换连杆总成。

14 整理量具。

提示:

(1)保持工作台及芯轴无锈蚀现象。不得碰撞工作台上任何附件,否则影响测量精度;

(2)在芯轴张紧块圆弧面及芯轴槽内两斜面滑块上要涂抹适量黄油,以便使它们得到润滑。

八 考核标准

考 核 标 准 表

考核时间	序号	考 核 项 目	满分	评分标准	得分
30min	1	作业前整理工位	5分	酌情扣分	
	2	将活塞放置在台虎钳上	2分	未操作全扣	
	3	查看活塞顶部直径级别	3分	酌情扣分,未操作全扣	
	4	清洁千分尺的校量棒	2分	未操作全扣	
	5	清洁千分尺	2分	未操作全扣	
	6	千分尺调零	2分	未操作全扣	
	7	清洁游标卡尺	2分	未操作全扣	
	8	游标卡尺校零	2分	未操作全扣	
	9	将游标卡尺调到28.5mm后锁止	2分	未操作全扣	
	10	在活塞裙部相应位置做好记号	2分	未操作全扣	
	11	在距活塞顶部28.5mm处测量活塞直径	4分	酌情扣分,未操作全扣	
	12	清洁活塞裙部的记号	2分	未操作全扣	
	13	清洁量具	2分	未操作全扣	
	14	用清洁布清洁活塞环	2分	未操作全扣	
	15	压缩空气吹净活塞环	2分	未操作全扣	
	16	清洁塞尺	2分	未操作全扣	
	17	在活塞顶部做好测量位置的记号	2分	未操作全扣	
	18	检查气环侧隙	5分	酌情扣分,未操作全扣	
	19	用清洁布清除记号	2分	未操作全扣	
	20	用清洁布清洁活塞环	2分	未操作全扣	
	21	测量活塞的高度	2分	未操作全扣	
	22	将气环放入相对应的汽缸	2分	未操作全扣	
	23	将活塞环平推到指定位置	4分	酌情扣分,未操作全扣	
	24	用游标卡尺检查活塞环是否达到指定的位置	2分	未操作全扣	
	25	用塞尺检查活塞环端隙	5分	酌情扣分,未操作全扣	
	26	根据活塞环的标准端隙选择塞尺的厚度	2分	未操作全扣	
	27	清洁百分表	2分	未操作全扣	
	28	清洁张紧块	2分	未操作全扣	
	29	安装张紧块	2分	未操作全扣	
	30	将连杆侧装入连杆校正仪的芯轴处	2分	未操作全扣	
	31	旋紧锁止螺母,使张紧块顶住连杆不动	2分	未操作全扣	
	32	组装"测量扭曲"百分表和"测量弯曲"百分表	3分	酌情扣分,未操作全扣	
	33	调整"测量弯曲"百分表,使百分表头贴近活塞销轴向侧面,并对百分表预压	3分	酌情扣分,未操作全扣	
	34	转动百分表刻度盘,使其大指针对准"0"刻度	1分	未操作全扣	
	35	调整"测量扭曲"百分表,使百分表头紧贴活塞销轴向面上,并对百分表预压	3分	酌情扣分,未操作全扣	
	36	转动百分表刻度盘,使其大指针对准"0"刻度	1分	未操作全扣	
	37	前后移动滑道推拉手柄	2分	未操作全扣	
	38	读数	6分	酌情扣分,未操作全扣	
	39	清理工具,将工具放置原位	5分	酌情扣分	
	40	遵守相关安全规范		因违规操作造成人身和设备事故的,总分按0分计	
		分数合计	100分		

任务14 检测曲轴

一 任务说明

1 检测曲轴弯曲度

曲轴是发动机中形状和受力都很复杂的重要零件之一。曲轴耗损的形式主要有轴颈的磨损、弯曲与扭曲变形、断裂及其他部位的损伤等。其中，曲轴的弯曲变形会加剧活塞连杆组、汽缸、曲轴轴颈和轴承的磨损，甚至会使曲轴出现裂纹或断裂。曲轴弯曲的检验，以曲轴两端主轴颈的公共轴线为基准，检测中间轴颈的径向圆跳动误差，如图14-1所示。检测工具为百分表和磁性表座。将百分表触头垂直抵在中间主轴颈上，并注意与两端主轴颈进行比较，因为中间主轴颈两侧的汽缸进气道短，进气阻力最小，进气充分，燃气压力大，所以中间主轴颈负荷最大，弯曲也最大。慢慢转动曲轴一圈，百分表指针所示的最大摆差，即为中间主轴颈的径向圆跳动误差。径向圆跳动误差值的二分之一为曲轴弯曲度误差，如图14-2所示。

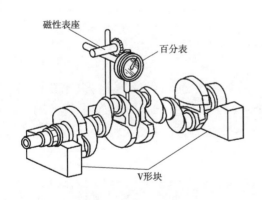

图14-1 检测曲轴弯曲度示意图

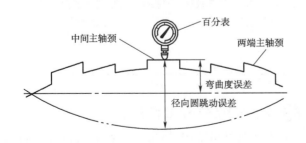

图14-2 曲轴弯曲度计算方法示意图

2 检查曲轴主轴颈、连杆轴颈磨损情况

检查曲轴的主轴颈和连杆轴颈。在每个主轴颈和连杆轴颈上，各取4点并测量这4点的外径，且应在每一轴颈的整个表面上进行测量，而且要避开轴颈上的油孔处。根据主轴颈和连杆轴颈的每一测量结果，计算出圆柱度和圆度，如图14-3所示。丰田8A发动机曲轴主轴颈和连杆轴颈的圆柱度和圆度不得超过0.02mm。若曲轴轴颈和连杆轴颈严重磨损或已超过限度，应修理或更换曲轴。

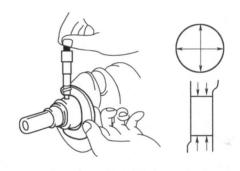

图14-3 测量曲轴主轴轴颈、连杆轴颈示意图

3 曲轴轴向间隙的检测目的及方法

当把曲轴装到汽缸体上后，应检查其轴向间隙，如图14-4所示。若轴向间隙过大，曲轴工作时将产生轴向窜动，加速汽缸的磨损，影响配气相位和离合器的正常工作。曲轴轴向间隙一般是

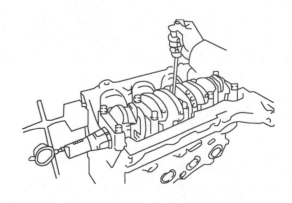

图14-4 测量曲轴轴向间隙示意图

在曲轴轴承检修完毕后，曲轴在正确的安装状态下检测到的，方法是：用百分表表头抵住飞轮的端面或曲柄臂端面，使百分表小指针处于测量范围的中间值，然后用一字螺丝刀沿轴向前后拨动曲轴，观察百分表大指针的摆动幅度，该幅度值即为曲轴的轴向间隙。

当曲轴轴向间隙超过使用极限时，可通过更换推力轴承修理。由于推力轴承的磨损速率较曲轴轴承慢，对于组合式推力轴承，在修理更换曲轴轴承时，也随之更换；对独立的推力轴承，更换安装时，其减磨合金层应朝向曲柄臂。一般减磨合金层上设有储油槽，由此可进行辨认。

二 技术标准与要求

（1）曲轴最大弯曲度为0.06mm；

（2）曲轴主轴颈的标准直径为47.982~48.000mm，加大尺寸为0.25mm，加大后的尺寸为47.745~47.755mm；

（3）曲轴连杆轴颈的标准直径为39.985~40.000mm，加大尺寸为0.25mm，加大后的尺寸为39.745~39.755mm；

（4）曲轴主轴颈和连杆轴颈的圆柱度和圆度不超过0.02mm；

（5）曲轴标准止推间隙为0.020~0.220mm，最大推力间隙为0.30mm，曲轴推力环的厚度为2.44~2.49mm。

三 实训时间 40min

四 实训教学目标

（1）了解曲轴常见的损伤；

（2）掌握检测曲轴的方法。

五 实训器材

清洁布

磁性表座和百分表

千分尺

一字螺丝刀

游标卡尺

六 教学组织

1 教学组织形式

本课程为"工艺化"实训课，实训教师1名，学生24名，实训室共有6个实训工位，按照4人1个工位编组。

2 学生的站位分工和要求

学生按规定的工位站立，按教师的指令同时进行独立操作。

3 实训教师职责

播放教学视频，并讲解实训任务的操作步骤和相关注意事项；下达"开始操作"口令；巡视、检查、指导和纠正学生操作中的错误；课堂总结；组织学生对实训室进行清洁、整理。

4 学生职责

认真观看教学视频；完成教师布置的任务；做好课后的清洁、整理工作。

七 操作步骤

第一步 检测曲轴弯曲

 检查百分表。
（1）清洁百分表；
（2）上下推动百分表测头，并观察百分表的指针每次都应回到同一位置；
（3）转动表盘，表盘应转动灵活并有较大阻力。

提示：

若百分表的表头黏有脏物会影响测量结果。

2 组装百分表。

 将曲轴放在V形块上。

提示：

确保其在V形块上水平放置，两端不能高低不平，否则会影响测量结果。

4 将百分表座吸附在工作台上。

 调整百分表，使百分表头贴近曲轴最中间一道主轴颈，并对百分表预压1mm。

提示：

百分表的调整螺母必须锁紧，否则会因为百分表松动影响到测量结果；若不进行百分表预压，也会引起测量结果失准。

6 转动百分表刻度盘，使其大指针对准"0"刻度。

7 双手慢慢转动曲轴，仔细观察百分表所测出曲轴的圆跳动量。

提示：

眼睛必须与百分表平视。

8 读数：此曲轴的圆跳动量为0.01mm，则弯曲度为0.005mm。

提示：

最大圆跳动量为0.06 mm。如果曲轴的圆跳动量超过最大值，则更换曲轴。

9 清洁整理工量具。

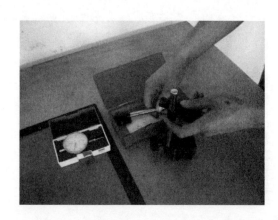

第二步 测量曲轴主轴颈、连杆轴颈直径

1 将曲轴放在V形块上。

提示：

曲轴摆放要平稳。

2 清洁连杆轴颈。

提示：

清洁部位为连杆轴颈的工作表面，若连杆轴颈的工作表面黏有脏物会引起测量误差，导致测量结果失准。

3 清洁曲轴主轴颈。

提示：

清洁部位为曲轴主轴颈的工作表面，若曲轴主轴颈的工作表面有脏物会引起测量误差，导致测量结果失准。

4 清洁千分尺的校量棒。

提示：

清洁时主要是用干净的抹布轻轻擦拭校量棒两端，不能用坚硬或者粗糙的东西接触校量棒两端。

5 清洁千分尺。

提示：

清洁部位为千分尺的测砧与测微螺杆的测量面，不能用坚硬或者粗糙的东西接触千分尺测量面，若测砧与测微螺杆的测量面有脏物，会引起测量误差，导致测量结果失准。

6 千分尺校零。

提示：

（1）校量棒要放平放稳，否则会使测量结果不准确；

（2）在台虎钳的钳口处垫上木块，或者是抹布，防止损坏千分尺；

（3）校准时，一手来回转动校量棒，另一只手顺时针拧动旋钮，当听到2~3次连续的咔咔声后停止转动，此时观察固定套筒与微分筒上的"0"刻度线应对准。

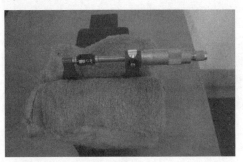

7 取4点测量主轴颈直径。

提示：

（1）4个测量点分别为：轴向2个测量点和径向2个测量点；

（2）根据4个测量数据计算出圆柱度和圆度，丰田8A发动机曲轴主轴颈和连杆轴颈的圆柱度和圆度不得超过0.02mm；

（3）若曲轴颈和连杆轴颈严重磨损或已超过限度，应修理或更换曲轴。

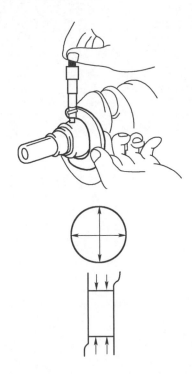

8 用测砧贴牢曲轴主轴颈（以某个测量点为例）。

 提示：

（1）测量应在轴颈的整个表面上进行，而且要避开轴颈上的油孔处；

（2）测砧与曲轴连杆轴颈应为面接触，若为线接触或者点接触都会影响测量结果的准确性。

9 通过旋钮旋紧测微螺杆并使其与曲轴连杆轴颈接触，然后在顺时针旋转旋钮的同时前后轻微摆动旋钮，当2～3次连续听到"嗒嗒"声后，就会产生适当的测定压力，然后锁紧千分尺，最后读数。

 提示：

应在曲轴连杆轴颈的径向最大处测到该轴的直径。

第三步　曲轴推力间隙测量

1 检查百分表。

（1）用清洁布清洁百分表；

（2）上下推动百分表测头，并观察百分表的指针每次都应回到同一位置；

（3）转动表盘，表盘应转动灵活并有较大阻力。

 提示：

百分表的表头上有脏物会影响测量结果。

2 组装百分表。

3 清洁曲轴前端轴各表面。

 提示：

若曲轴前端轴各表面上有脏物会影响测量结果。

4 把组装好的百分表座吸附在汽缸体上。

5 调整百分表，使百分表表头紧贴前端轴前端面，并对百分表预压，预压量为量程的1/3。

提示：

百分表的调整螺母必须锁紧，否则会因为百分表松动影响测量结果；若测量杆不与曲轴平行，或不进行百分表预压，都会引起测量结果失准。

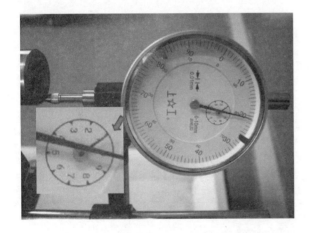

6 转动百分表刻度盘，使其大指针对准"0"刻度。

提示：

轻轻拉动和放松百分表测杆，观察百分表指针是否仍对准"0"刻度，否则重重转动表盘对准。

7 用螺丝刀左右撬动曲轴，观察百分表的跳动情况，测量出曲轴的推力间隙。

提示：

（1）曲轴的推力间隙为左右偏摆量之和；
（2）标准推力间隙为0.020~0.220mm，最大推力间隙为0.30mm。

8 当螺丝刀向右撬动时，该曲轴推力间隙为0.02mm。

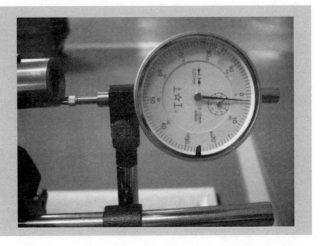

9 当螺丝刀向左撬动时,该曲轴推力间隙为0.10mm。

提示:

(1)曲轴的推力间隙为0.02+0.10=0.12mm;

(2)若曲轴的推力间隙超过0.30mm,则需检测推力垫片的厚度。

10 清洁游标卡尺。

提示:

清洁部位为游标卡尺量爪测量端,若量爪测量端黏有脏物会引起测量误差,导致测量结果失准。

11 游标卡尺校零。

提示:

(1)若游标卡尺未校零会影响测量结果;

(2)收拢主副尺,观察主副尺的"0"刻度线应对准。

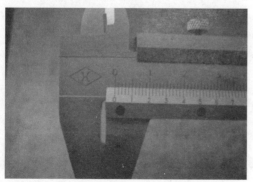

12 清洁半圆推力环。

提示:

若半圆推力环黏有杂质会影响测量结果。

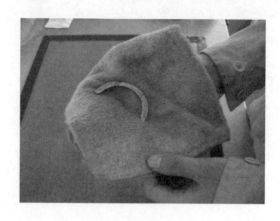

13 测量半圆推力环的厚度。

提示:

(1)标准厚度为2.440～2.490 mm;

(2)如果推力间隙超过最大值,应成套更换推力垫片。

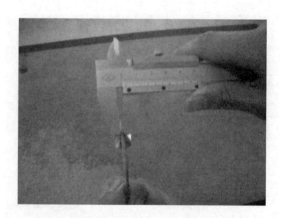

14 清洁、整理工量具。

八 考核标准

考 核 标 准 表

考核时间	序号	考 核 项 目	满分	评分标准	得分
30min	1	作业前整理工位	5分	酌情扣分	
	2	清洁百分表测量头	2分	未操作全扣	
	3	组装百分表	2分	未操作全扣	
	4	将曲轴放在V形块上	2分	未操作全扣	
	5	将百分表座吸附在工作台上	2分	未操作全扣	
	6	调整百分表,预压百分表	4分	酌情扣分,未操作全扣	
	7	百分表大指针调零	4分	酌情扣分,未操作全扣	
	8	转动曲轴,观察百分表的圆跳动量	5分	酌情扣分,未操作全扣	
	9	读数	5分	酌情扣分,未操作全扣	
	10	将曲轴放在V形块上	2分	未操作全扣	
	11	清洁连杆轴颈	2分	未操作全扣	
	12	清洁曲轴主轴颈	2分	未操作全扣	
	13	清洁千分尺的校量棒	2分	未操作全扣	
	14	清洁千分尺	2分	未操作全扣	
	15	千分尺校零	4分	酌情扣分,未操作全扣	
	16	选择主轴颈的测量点	4分	酌情扣分,未操作全扣	
	17	测量主轴颈直径	8分	酌情扣分,未操作全扣	
	18	检查百分表	2分	未操作全扣	
	19	组装百分表	2分	未操作全扣	
	20	清洁曲柄臂端面	2分	未操作全扣	
	21	把组装好的百分表座吸附在汽缸体上	2分	未操作全扣	
	22	调整百分表并预压百分表	4分	酌情扣分,未操作全扣	
	23	转动百分表刻度盘,使其大指针对准"0"刻度	4分	酌情扣分,未操作全扣	
	24	用螺丝刀左右撬动曲轴,观察百分表的跳动情况,测量出曲轴的止推间隙	10分	酌情扣分,未操作全扣	
	25	清洁游标卡尺	2分	未操作全扣	
	26	游标卡尺校零	4分	酌情扣分,未操作全扣	
	27	清洁半圆推力环	2分	未操作全扣	
	28	测量半圆推力环的厚度	4分	酌情扣分,未操作全扣	
	29	清理工具,将工具放置原位	5分	酌情扣分	
	30	遵守相关安全规范		因违规操作造成人身和设备事故的,总分按0分计	
		分数合计	100分		

任务 14 检测曲轴

任务15 检测凸轮轴（一）

一 任务说明

凸轮轴的常见损伤有凸轮轴弯曲、轴颈磨损、凸轮磨损、断裂以及驱动汽油泵的偏心轮磨损、正时齿轮轴轴颈及键槽磨损、机油泵驱动齿轮磨损等。

❶ 检查凸轮轴的圆度

以凸轮轴两端轴颈为基准，测量凸轮轴的弯曲量，中间凸轮轴轴颈的径向跳动使用极限为0.10mm，超过极限可进行冷压校正。检查凸轮轴的圆度时，首先将凸轮轴放置到两块V形块上，然后将组装好的百分表座的百分表头紧贴凸轮轴轴颈，最后转动凸轮轴检测其圆度，如图15-1所示。

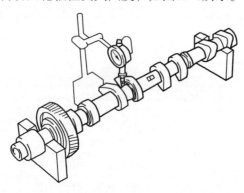

图15-1 检查凸轮轴的圆度

❷ 检查凸轮轴凸轮的桃尖高度

在凸轮的长轴方向用千分尺测量凸轮高，凸轮磨损后，凸轮高应比原设计标准值减小0.10mm左右。检查凸轮轴凸轮的桃尖高度时，首先将凸轮轴放置到两块V形铁块上，然后将凸轮轴的凸轮桃尖朝上，最后用外径千分尺检查其凸轮轴凸轮的桃尖高度，如图15-2所示。

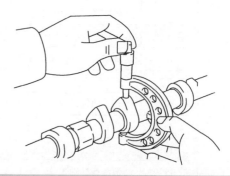

图15-2 检查凸轮轴凸轮的桃尖高度

❸ 检查凸轮轴轴颈

由于凸轮轴转速不是很高，旋转半径也不大，因此凸轮轴轴颈的磨损基本上是均匀的。先将凸轮轴放置到两块V形铁块上，再用外径千分尺检查凸轮轴轴颈，如图15-3所示。用外径千分尺测量各道轴颈的圆度和圆柱度误差，如超过规定值，可用修理尺寸法磨削轴颈，先缩小轴颈尺寸，再配用相应修理尺寸的凸轮轴轴颈。

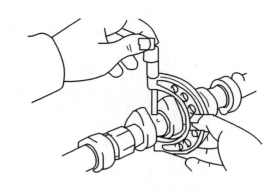

图15-3 检查凸轮轴轴颈

二 技术标准与要求

（1）丰田8A发动机进、排气凸轮轴最大圆度为0.03mm；

（2）丰田8A发动机进、排气凸轮轴标准桃尖高度：进气为41.71～41.81mm，排气为41.96～42.06mm。凸轮轴最小桃尖高度：进气为41.30mm，排气为41.55mm；

（3）丰田8A发动机进、排气凸轮轴轴颈：排气为24.949～24.965mm，进气为22.949～24.965mm。

三 实训时间 30min ★★★

四 实训教学目标

（1）了解正确检测凸轮轴的重要性和必要性；
（2）会正确使用凸轮轴检测的专用工具；
（3）能够正确检查凸轮轴的失圆度、凸轮轴的桃尖高度、凸轮轴轴颈的测量；
（4）掌握凸轮轴检测的技术标准，并能按技术标准熟练操作；
（5）凸轮轴检测过程中注意操作注意事项；
（6）依据5S（5S的含义：整理、整顿、清洁、清扫、自律）管理的要求，培养学生安全、规范的操作习惯。

五 实训器材

清洁布

磁性表座和百分表

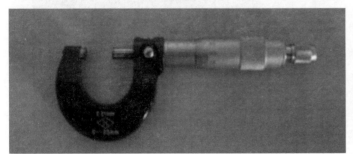
0~25mm外径千分尺

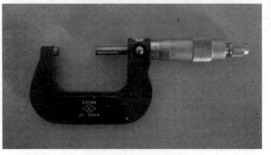
25~50mm外径千分尺

六 教学组织

1 教学组织形式

本课程为"工艺化"实训课，实训教师1名，学生24名，实训室共有6个实训工位，按照4人1个工位编组。

2 学生的站位分工和要求

学生按规定的工位站立，按教师的指令同时进行独立操作。

3 实训教师职责

播放教学视频，并讲解实训任务的操作步骤和相关注意事项；下达"开始操作"口令；巡视、检查、指导和纠正学生操作中的错误；课堂总结；组织学生对实训室进行清洁、整理。

4 学生职责

认真观看教学视频；完成教师布置的任务；做好课后的清洁、整理工作。

七 操作步骤

第一步 检查凸轮轴的圆度

1 选用V形块、百分表及其表座和干净的抹布。

提示：

检测工具应摆放整齐，工作台应清洁。

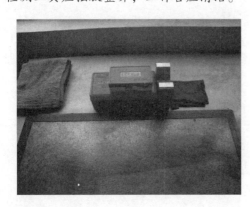

2 将凸轮轴放置在V形块上。

提示：

确保V形块水平放置，两端不能高低不平，否则会影响测量结果。

3 用干净的清洁布清洁凸轮轴表面。

提示：

如果凸轮轴表面不清洁，会造成测量不准确，出现误差。

4 清洁百分表及其表座。

提示：

确保测量结果准确。

5 检查百分表。

提示：

（1）正确安装百分表座；

（2）清洁百分表后向上轻推触头2~3次，观察表针（大）应每次都回到同一位置为正常；

（3）转动表盘，表盘应转动灵活并有较大阻力。

6 正确组装百分表及其表座。

提示：

将百分表正确安装到百分表座上，注意将百分表表头安装在中间位置。

7 调整百分表及其表座,使百分表表头紧贴凸轮轴轴径,并对百分表预压0.5~1mm,用手转动表盘使百分表指针对准表盘的"0"位置。

 　　百分表的调整螺母必须锁紧,否则会因百分表松动影响测量结果;若百分表的测量杆与凸轮轴不垂直,或不进行百分表预压,都会引起测量结果失准。

8 使用百分表测量中间轴颈的圆度,最大圆度为0.03 mm。如果圆度超过最大值,则更换凸轮轴。

 　　用双手转动凸轮轴两端,检查百分表指针的摆动量。

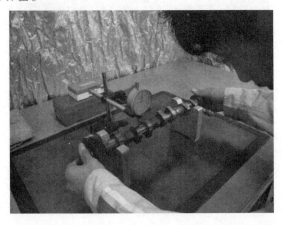

9 检查凸轮轴上各处轴颈,记录检测的数据。

 　　检测完毕后,及时记录并计算凸轮轴的圆度。

10 检测完毕后对工具进行整理。

 　　将检测量具分解、清洁后放入规定位置。

11 检测结束后对凸轮轴轴颈进行清洁,并清洁工具,然后将工具放回原处。

 　　(1)清洁凸轮轴被测表面,然后将其放回到零件车上;
 　　(2)清洁工具,并将工具放回原处。

第二步 检查凸轮轴凸轮桃尖高度

1 选用25~50mm千分尺、干净抹布。

提示：

检查检测工具是否齐全。

2 清洁千分尺的校量棒。

提示：

清洁时主要是用干净的抹布轻轻擦拭校量棒两端，千万不能用坚硬或者粗糙的东西接触校量棒两端。

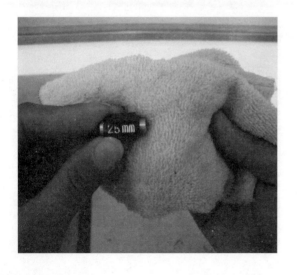

3 清洁千分尺。

提示：

清洁部位为千分尺的测砧与测微螺杆的测量面，千万不能用坚硬或者粗糙的东西接触千分尺测量面，若测砧与测微螺杆的测量面黏有脏物会引起测量误差，导致测量结果失准。

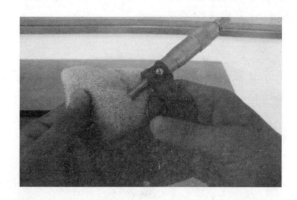

4 对千分尺调零。

提示：

（1）校量棒要平稳放置，否则测量结果不准确；

（2）在台虎钳的钳口处垫上木块，或者是抹布，以防止台虎钳损坏千分尺；

（3）校准时，一手来回转动校量棒，另一只手顺时针拧动旋钮，当听到2~3次连续的咔咔声后停止转动，此时观察固定套筒与微分筒上的"0"刻度线应对准。

5 用干净的清洁布清洁凸轮轴及凸轮表面。

提示：

如果不进行清洁，会造成测量不准确，产生误差。

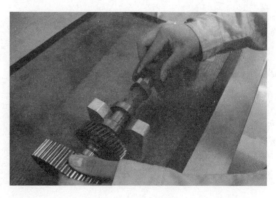

6 测砧与凸轮轴的凸轮基圆下端面接触情况。

提示：

测砧与凸轮轴的凸轮基圆下端面应为面接触，若为线接触或点接触都会影响测量结果的准确性。

7 测量凸轮数值。

提示：

旋紧测微螺杆并使其与凸轮基圆下端面接触，再旋转限荷棘轮一圈左右，当听到2~3次连续的"嗒嗒"声后，就会产生适当的测定压力，然后锁紧千分尺。

8 读取数值。标准桃尖高度：进气为41.71~41.81 mm；排气为41.96~42.06 mm。最小桃尖高度：进气为41.30 mm；排气为41.55 mm。如果桃尖高度低于最小值，则更换凸轮轴。

提示：

（1）正确读取千分尺的数值；

（2）千分尺使用完毕后应进行清洁，再放回原处。

9 检查凸轮轴上进、排气凸轮，记录检测的数据。

提示：

将测量出来的数据正确地填写在表格上面。

10 检查后对凸轮轴及凸轮进行清洁，并清洁工具，再把工具并放回原处。

提示：

（1）清洁凸轮轴表面，然后将其放置在零件车的规定位置；

（2）清洁工具并放回原处。

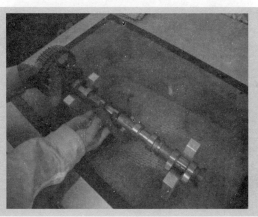

🌲 第三步　检查凸轮轴轴颈

1 选用0~25mm千分尺、干净抹布。

提示：

检查检测工具是否齐全。

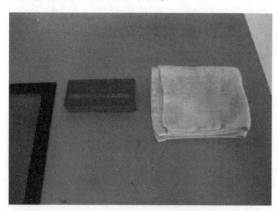

2 清洁千分尺。

提示：

清洁部位为千分尺的测砧与测微螺杆的测量面。千万不能用坚硬或者粗糙的东西接触千分尺测量面，若测砧与测微螺杆的测量面黏有脏物会引起测量误差，导致测量结果失准。

3 对千分尺调零。

提示：

先快速旋转微分筒，使千分尺两测砧相接近，再通过旋转微分筒，当2~3次连续听到咔咔声后停止旋转，此时观察固定套筒与微分筒上的"0"刻度应对准。

4 用干净的清洁布清洁凸轮轴轴颈表面。

提示：

如果不进行清洁，会造成测量不准确，产生误差。

5 用测砧贴牢凸轮轴轴颈。

提示：

用测砧贴牢凸轮轴轴颈，测砧与凸轮轴轴颈应为面接触，若为线接触或者点接触都会影响测量结果的准确性。

6 测量轴颈数值。

提示:

旋转测微螺杆并让其与凸轮轴轴颈接近,再旋转限荷棘轮,当听到2~3次连续咔咔声后,就会产生适当的测定压力,然后锁紧千分尺。

注意:应在凸轮轴轴颈的径向最大处测得该轴的直径。

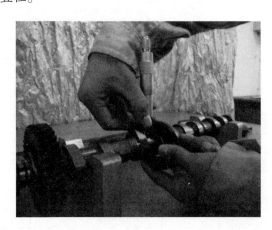

7 读取数值。凸轮轴轴颈:排气为24.949~24.965 mm;进气为22.949~24.965 mm。如果轴颈不符合标准,则更换凸轮轴。

提示:

(1)正确读取千分尺的数值;
(2)千分尺使用完毕经清洁后放回原处。

8 检查凸轮轴上进、排气凸轮轴轴颈,记录检测的数据。

提示:

将测量得出来的数据正确地填写在表格上面。

9 检查后对凸轮轴及凸轮进行清洁,并清洁工具,再将工具放回原处。

提示:

(1)清洁凸轮轴表面,将其放置在零件车的规定位置;
(2)清洁工具,并将其放回原处。

八 考核标准

考 核 标 准 表

考核时间	序号	考 核 项 目	满分	评分标准	得分
30min	1	着装规范	3分	酌情扣分	
	2	作业前整理工位	3分	酌情扣分	
	3	检查检测工具是否齐全	3分	检查不到位扣3分	
	4	选用V形块、百分表及其表座	4分	选取不当扣4分	
	5	将凸轮轴放置到V形块上	4分	操作不当扣4分	

续上表

考核时间	序号	考 核 项 目	满分	评 分 标 准	得分
30min	6	清洁凸轮轴表面	3分	清洁不到位扣3分	
	7	清洁并组装百分表及其表座	4分	操作不当扣4分	
	8	调整百分表,使百分表头紧贴凸轮轴轴径,并对百分表预压	5分	操作不当扣5分	
	9	用手将百分表指针调解到零刻度位置	4分	操作不当扣4分	
	10	用手转动凸轮轴,检查其凸轮轴轴颈圆度	5分	操作不当扣5分	
	11	检查完毕后,记录检查数据	4分	未记录扣4分	
	12	清洁整理工具并放回原处	3分	操作不当扣3分	
	13	选用25~50mm千分尺和干净抹布	4分	选取不当扣4分	
	14	校准外径千分尺	4分	操作不当扣4分	
	15	清洁凸轮轴凸轮表面	3分	清洁不到位扣3分	
	16	使用外径千分尺对进、排凸轮轴凸轮进行测量	5分	操作不当扣5分	
	17	测量完毕后,读取并记录数据	4分	未记录扣4分	
	18	清洁整理工具并放回原处	3分	操作不当扣3分	
	19	选用0~25mm千分尺和干净抹布	4分	选取不当扣4分	
	20	校准外径千分尺	4分	操作不当扣4分	
	21	清洁凸轮轴各道轴颈	3分	清洁不到位扣3分	
	22	使用外径千分尺对进、排气凸轮轴各道轴颈进行测量	5分	操作不当扣5分	
	23	测量完毕后,记录检查数据	4分	未记录扣4分	
	24	清洁整理工具	3分	未清洁整理扣3分	
	25	整理工作台	3分	未整理扣3分	
	26	安全操作	6分	跌落零件扣2分/次;损坏量具扣2分/次;扣完为止	
	27	其他		每超时1min扣2分,超时5min终止考试	
	28	遵守相关安全规范		因违规操作造成人身和设备事故的,总分按0分计	
分数合计			100分		

任务 16　检测凸轮轴（二）

一　任务说明

1. 检查凸轮轴配合间隙

检查凸轮轴配合间隙的主要作用是保证凸轮轴轴颈与轴承盖有正确的配合间隙。关于凸轮轴配合间隙的检查，首先旋松凸轮轴轴承盖螺栓，取下轴承盖，然后将测量配合间隙的塑料间隙规放置在凸轮轴的轴颈上，然后安装凸轮轴轴承盖并将其拧紧到规定的力矩。最后再旋松凸轮轴轴承盖，用塑料间隙规试纸检查配合间隙（图16-1），若间隙超限，应更换凸轮轴轴承。

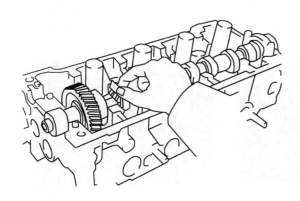

图16-1　检查凸轮轴配合间隙

2. 检查凸轮轴推力间隙

凸轮轴轴向窜动会影响配气相位和点火正时。发动机额定转速越高，对凸轮轴的轴向间隙要求越严格。凸轮轴轴向间隙：汽油机为0.05～0.20mm，使用极限为0.30mm；柴油机为0.20～0.35mm，使用极限为0.50mm。对运用推力板定位的，用塞尺测量推力板端面与凸轮轴轴颈端侧的间隙。也可在凸轮轴正确安装后，用百分表测量凸轮轴轴向移动幅度。当凸轮轴轴向间隙超差时，可更换推力板或减薄推力板隔圈的厚度，并加以修理。对运用轴承定位的，首先拆去液压挺柱，然后将凸轮轴装入轴承中，将百分表触头顶到凸轮轴轴端，推、拉凸轮轴，百分表指针所示的摆差即为凸轮轴轴向间隙（图16-2）。若间隙超限，应更换凸轮轴轴承。

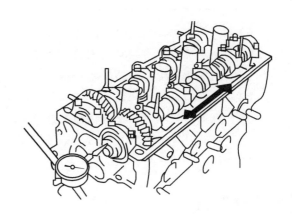

图16-2　检查凸轮轴止推间隙

3. 检查凸轮轴齿轮啮合间隙

关于凸轮轴齿轮啮合间隙的检查，是将百分表安装到发动机侧面，让百分表头端顶到凸轮轴齿轮上，然后用开口扳手转动进气凸轮轴，观察百分表指针的偏摆角度，即可测量出凸轮轴齿轮啮合间隙（图16-3）。若间隙超限，应检查或更换凸轮轴。

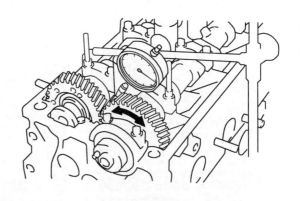

图16-3　检查凸轮轴齿轮啮合间隙

二 技术标准与要求

（1）丰田8A发动机凸轮轴轴颈标准间隙为0.035～0.072mm，最大间隙为0.10mm；

（2）丰田8A发动机标准凸轮轴推力间隙：进气为0.030～0.085mm，排气为0.035～0.090mm；最大推力间隙为0.11mm；

（3）丰田8A发动机凸轮轴齿轮标准啮合间隙为0.020～0.200mm，最大啮合间隙为0.30mm。

三 实训时间 40min

四 实训教学目标

（1）了解正确检测凸轮轴的重要性和必要性；
（2）会正确使用凸轮轴检测的专用工具；
（3）能够正确检查凸轮轴的轴颈油隙、凸轮轴推力间隙、凸轮轴齿轮啮合间隙；
（4）掌握凸轮轴检测的技术标准，并能按技术标准熟练操作；
（5）检测凸轮轴时应注意操作注意事项；
（6）依据5S（5S的含义：整理、整顿、清洁、清扫、自律）管理的要求，培养学生安全、规范的操作习惯。

五 实训器材

10mm长套筒

长接杆

棘轮扳手

一字螺丝刀

23、26mm两把开口扳手

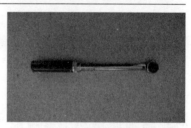

0～25N·m预调式扭力扳手

塑料间隙规

百分表及其表座

清洁布

六 教学组织

1 教学组织形式
本课程为"工艺化"实训课,实训教师1名,学生24名,实训室共有6个实训工位,按照4人1个工位编组。

2 学生的站位分工和要求
学生按规定的工位站立,按教师的指令同时进行独立操作。

3 实训教师职责
播放教学视频,并讲解实训任务的操作步骤和相关注意事项;下达"开始操作"口令;巡视、检查、指导和纠正学生操作中的错误;课堂总结;组织学生对实训室进行清洁、整理。

4 学生职责
认真观看教学视频;完成教师布置的任务;做好课后的清洁、整理工作。

七 操作步骤

第一步 检查凸轮轴轴颈油隙

1 检查凸轮轴轴承盖。

提示:
检查凸轮轴轴承盖是否出现裂纹、烧蚀等情况,如有损坏应进行更换。

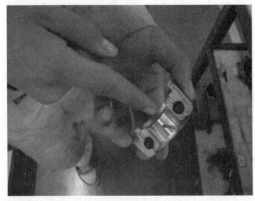

2 检查凸轮轴轴径。

提示:
检查凸轮轴是否弯曲、变形,是否出现裂纹等情况,如有应进行修理或更换。

3 检查轴承是否有剥落和拉伤情况。

提示:
如果轴承损坏,要成套更换轴承和汽缸盖。

4 清洁进、排气凸轮轴。

提示:
将凸轮轴上的每一道凸轮和轴颈都要清洁干净。

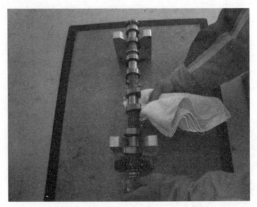

5 将凸轮轴放在汽缸盖上。

提示：

（1）将凸轮轴平稳放置到汽缸盖上；

（2）位置要对准。

6 选取稍短于轴颈长度的塑料间隙规，在每道凸轮轴轴颈正上方放上塑料间隙规。

提示：

（1）将塑料间隙规分段均匀地放置到每道凸轮轴轴颈上；

（2）塑料间隙规的放置位置要正确。

7 清洁凸轮轴轴承盖后将其安装到位。

提示：

清洁到位后，将轴承盖装到凸轮轴上。

8 选用10mm长套筒、棘轮扳手，用工具拧紧凸轮轴轴承盖螺栓。

提示：

用工具分2～3次从中间向两边进行对称拧紧，即按3-4-2-5-1顺序依次拧紧。

9 选用10mm长套筒、短接杆、预调式扭力，用工具拧紧凸轮轴轴承盖螺栓，规定拧紧力矩为13N·m。

提示：

（1）操作时不要转动凸轮轴；

（2）用工具分从中间向两边进行对称拧紧，即按3-4-2-5-1顺序依次拧紧。

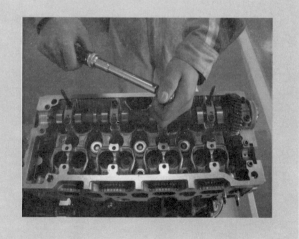

10 选用10mm长套筒、短接杆、棘轮扳手，用工具松动凸轮轴轴承盖螺栓，拆下轴承盖。

提示：

（1）用工具从两边往中间向两边分2~3次对称顺序将凸轮轴轴承盖固定螺栓拧松；

（2）用双手取下五道轴承盖并将其放置到零件车规定位置。

12 检查凸轮轴上进、排气凸轮轴各道轴颈间隙，并记录检测的数据。

提示：

将测量得出来的数据正确填写在表格上面。

13 清除塑料间隙规。

提示：

（1）用铲刀清除附着在凸轮轴轴颈上的塑料间隙规；

（2）用干净的抹布将凸轮轴轴颈擦拭干净；

（3）清洁工具，并将工具放回原处。

11 用专用的塑料间隙规检查凸轮轴轴颈的间隙，在最宽处测量间隙规所示的值，标准间隙为0.035~0.072 mm；最大间隙为0.10mm。如果间隙超过最大值，则更换凸轮轴。如有必要，需成套更换轴承盖和汽缸盖。

提示：

（1）用专塑料间隙规检查时，要对准间隙规最宽处；

（2）实际检测间隙为0.05mm。

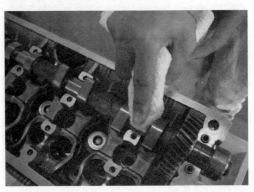

第二步 检查凸轮轴推力间隙

1 清洁和组装百分表及其表座。

提示：

若百分表清洁不干净，则容易造成测量误差。

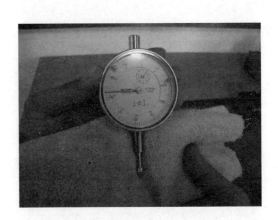

2 检查百分表。

（1）清洁百分表；

（2）上下推动百分表测头，并观察百分表的指针每次都应回到同一位置；

（3）转动表盘，表盘应转动灵活并有较大阻力。

提示：

用手检查百分表是否正常。

3 组装百分表及其表座。

提示：

（1）注意百分表表座的正确组装；

（2）将百分表正确安装到表座上。

4 使用工具安装进、排气凸轮轴。

提示：

正确安装进、排气凸轮轴，按照从中间往两边的顺序进行安装，拧紧后用预调式扭力扳手拧紧到规定的力矩。

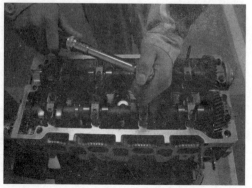

5 将百分表安装到发动机上，让百分表指针顶住排气凸轮轴前端位置，预压0.5~1mm。

6 用手将百分表指针调整到"0"刻度位置。

提示：

（1）将百分表调整到位，使指针对准"0"刻度；

（2）轻微拉动并放松百分表测量杆，观察百分表大指针是否仍对准"0"刻度，否则重新调整。

7 使用裹着清洁布的一字螺丝刀，用其撬动凸轮轴一侧，检查凸轮轴的推力间隙。

提示：

使用一字螺丝刀撬动时，注意不要损伤汽缸盖。

用螺丝刀前后撬动凸轮轴,观察百分表的跳动情况,记录并计算出凸轮轴的推力间隙。

提示:

(1)当指针分别顺时针和逆时针偏转到最大值时,读取其数值,此两值之和为该凸轮轴的推力间隙;

(2)标准凸轮轴推力间隙:进气为0.030～0.085 mm,排气为0.035～0.090 mm,最大止推间隙为0.11mm;

(3)如果推力间隙超过最大值,则更换凸轮轴。如有必要,需成套更换轴承盖和汽缸盖;

(4)该凸轮轴实测推力间隙为0.02+0.03+0.05(标准止推间隙为0.035～0.090 mm),符合要求。

 检查进、排凸轮轴推力间隙,并记录检测的数据。

提示:

将测量得出来的数据正确填写在表格上面。

▲ 第三步　检查凸轮轴齿轮啮合间隙

 选用10mm长套筒、短接杆、棘轮扳手、扭力扳手、百分表及其表座、两把26mm的开口扳手。

提示:

检查工量具是否齐全。

 清洁和组装百分表及其表座。

提示:

(1)注意百分表表座的正确组装;

(2)将百分表正确安装到表座上。

3 使用百分表测量啮合间隙。用一把开口扳手固定进气凸轮轴六角部位，用另一把开口扳手转动排气凸轮轴六角部位，来检测凸轮轴齿轮啮合间隙。

标准啮合间隙为0.020～0.200mm；最大啮合间隙为0.30mm；如果啮合间隙超过最大值，则更换凸轮轴。

提示：

将百分表安装到发动机上，让百分表指针顶在排气凸轮轴齿轮上。

4 用手将百分表指针调整到"0"刻度位置。

提示：

（1）将百分表调整到位，使指针对准"0"刻度；

（2）轻微拉动并放松百分表测量杆，观察百分表大指针是否仍对准"0"刻度，否则重新调整。

7 记录检测的凸轮轴齿轮啮合间隙数据。

提示：

将测量出来得数据正确地填写在表格上面。

5 使用两把26mm的开口扳手，一把固定住进气凸轮轴的六角部位，另一把开口扳手左右转动排气凸轮轴的六角部位。

提示：

使用开口扳手时注意不要用力过大。

6 读取数据。实测凸轮轴齿轮啮合间隙为0.09mm。

提示：

（1）标准啮合间隙为0.02～0.20mm；

（2）最大啮合间隙为0.30mm。

八 考核标准

考 核 标 准 表

考核时间	序号	考 核 项 目	满分	评分标准	得分
40min	1	着装规范	3分	酌情扣分	
	2	作业前整理工位	3分	酌情扣分	
	3	检查检测工具是否齐全	3分	检查不到位扣3分	
	4	凸轮轴轴承盖和凸轮轴轴径检查	3分	检查不到位扣3分	
	5	检查汽缸盖轴承的剥落和拉伤情况	3分	检查不到位扣3分	
	6	清洁进、排凸轮轴	4分	清洁不到位扣4分	
	7	将凸轮轴放在汽缸盖上	5分	操作不当扣5分	
	8	选取部分塑料间隙规,在每道凸轮轴轴颈上放上塑料间隙规	4分	操作不当扣4分	
	9	清洁凸轮轴轴承盖后将其安装到位	3分	操作不当扣3分	
	10	选用10mm长套筒、短接杆、预调式扭力扳手	3分	工具选用不当扣3分	
	11	将凸轮轴轴承盖加紧到规定力矩:13N·m	4分	操作不当扣4分	
	12	选用10mm长套筒、短接杆、棘轮扳手	3分	工具选用不当扣3分	
	13	将凸轮轴轴承盖松动并拆卸	4分	操作不当扣4分	
	14	用塑料间隙规检查凸轮轴轴颈的油隙	4分	操作不当扣4分	
	15	检查凸轮轴上进、排气凸轮轴各道轴颈油隙并记录检测的数据	3分	检查不当扣2分,记录不到位扣1分	
	16	清除塑料间隙规并清洁干净	3分	操作不当扣3分	
	17	选用百分表及其表座	4分	量具选用不当扣4分	
	18	清洁并组装百分表及其表座	4分	操作不当扣4分	
	19	将百分表安装到发动机上,将百分表指针顶住排气凸轮轴前端位置	4分	操作不当扣4分	
	20	用手将百分表指针调解到零刻度位置	5分	操作不当扣5分	
	21	选用一字螺丝刀撬动凸轮轴一侧,检查凸轮轴的推力间隙	3分	操作不当扣3分	
	22	记录检查数据	3分	记录不当扣3分	
	23	使用百分表,测量啮合间隙	3分	操作不当扣3分	
	24	用百分表检测凸轮轴齿轮啮合间隙	6分	操作不当扣6分	
	25	读取并记录数据	3分	记录不当扣3分	
	26	清洁整理工具	2分	未清洁整理扣2分	
	27	整理工作台	2分	未整理扣2分	
	28	安全操作	6分	跌落零件扣2分/次;损坏工、量具扣2分/次;扣完为止	
	29	其他		每超时1min扣2分,超时5min终止考试	
	30	遵守相关安全规范		因违规操作造成人身和设备事故的,总分按0分计	
分数合计			100分		

任务17 检测气门组件

一、任务说明

气门组零件的主要损伤有：气门杆弯曲和磨损；气门与气门座工作面起槽、变宽，气门烧蚀后出现斑点和凹陷；气门与气门导管配合松旷；气门弹簧自由长度缩短，弹力减弱或弯曲变形，甚至折断等。其中，由于气门在高温、高压条件下工作，杆部的润滑条件差（尤其是排气门），因此气门杆部磨损最快，导致与气门导管的配合间隙增大，易造成气门歪斜，进而造成气门关闭不严、漏气以及气门杆部弯曲变形等。

❶ 检查液压挺柱孔径和液压挺柱直径

检查液压挺柱孔和液压挺柱的配合间隙，如果液压挺柱孔因磨损变大，而液压挺柱因磨损使直径变小，则应更换液压挺柱。检查液压挺柱孔时，采用18～35mm的量缸表进行测量，如图17-1所示。测量的时候要注意多测几点，以确保测量的精确度。检查液压挺柱直径时，采用外径千分尺测量，如图17-2所示。测量的时候也要测量两个平面四个点。最后用测量的液压挺柱孔径减去液压挺柱直径，所得的值即为液压挺柱的配合间隙。

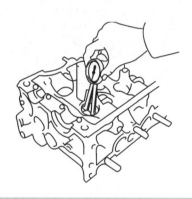

图17-1 检查液压挺柱孔径

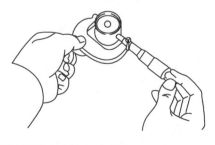

图17-2 检查液压挺柱直径

❷ 检查气门导管衬套和气门直径

测量气门杆与导管的配合间隙，如果气门导管变大，气门杆直径变小，应同时更换气门导管和气门。换新气门后，气门间隙仍超过许用配合量，或进气门导管内径磨损量大于1.0mm，排气门导管内径磨损量大于1.3mm，则应更换导管。检查气门导管衬套孔径时采用5～10mm的量缸表进行测量，测量的时候一般测量三个位置六个面，以确保其精确度，如图17-3所示。检查气门直径时，采用外径千分尺进行测量。测量的时候也是要测量三个位置六个面，如图17-4所示，最后用气门导管孔径减去气门杆直径，所得的值即为气门杆与导管的配合间隙。

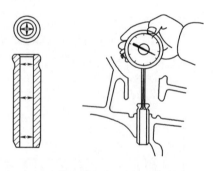

图17-3 检查气门导管衬套

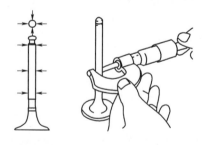

图17-4 检查气门直径

❸ 检查气门边缘厚度和气门长度

气门密封工作面简称气门工作面，它应位于气门锥面中部略靠内侧位置。检查气门工作面位置的方法是：在气门锥面上涂抹一薄层红丹油；气门插入导管，使锥面落座，略旋转气门；取出气门观察接触印痕。该印痕就是气门工作面及位置。检查气门边缘厚度时一般用肉眼进行检查，如图17-5所示。用游标卡尺检查气门长度，如图17-6所示，如果不符合标准长度值时，应整套更换，以保证气门有良好的密封性。

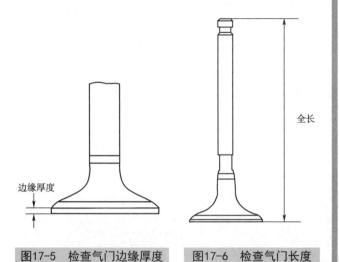

图17-5 检查气门边缘厚度　　图17-6 检查气门长度

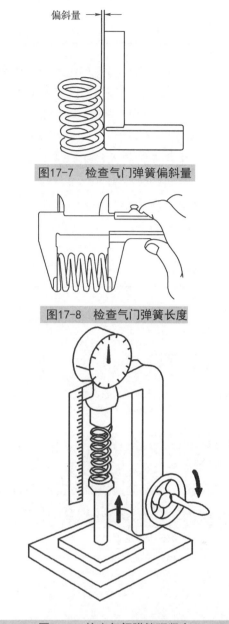

图17-7 检查气门弹簧偏斜量

图17-8 检查气门弹簧长度

图17-9 检查气门弹簧预紧力

4 检查气门弹簧

气门弹簧长期处于高速、高温情况下工作，连续不断地伸缩，易产生弹性疲劳，会逐渐失去原有的弹力和改变自由高度，使气门关闭不严或滞后。对气门弹簧的检验，主要是测量其自由高度（新旧弹簧对比）、负荷长度和弯曲量如图17-7～图17-9所示。一般要求其自由高度减小量不大于3mm，弹簧无明显的歪斜，弹簧钢丝无锈蚀斑点、无裂纹，否则应更换。另外，还应检查弹簧座表面是否光泽，是否有裂纹、夹层、夹杂、折叠、凹陷、擦痕、锈蚀等缺陷，若有须更换。

二 技术标准与要求

（1）汽缸盖液压挺柱孔径为31.000～31.025mm，液压挺柱直径为30.966～30.976mm，标准间隙为0.024～0.059mm；最大间隙为0.07mm。

（2）导管衬套直径为6.010～6.030mm。气门杆直径：进气门为5.974～5.985 mm，排气门为5.965～5.980mm。标准间隙：进气门为0.025～0.060 mm；排气门为0.030～0.065mm。最大间隙：进气门为0.08 mm，排气门为0.10 mm。

（3）气门标准边缘厚度为0.8～1.2mm，最小边缘厚度为0.5mm。气门标准长度：进气门为87.45 mm，排气门为87.84mm；最小长度：进气门为86.95mm，排气门为87.35mm。

（4）测量气门弹簧的偏斜量：最大角度（参考）为2mm。测量气门弹簧的自由长度：标准值为38.57 mm。在标准安装长度下测量气门弹簧的预紧力：当气门压缩到31.7mm时，气门弹簧预紧力为157～174N。

三 实训时间 60min ★★★★★

四 实训教学目标

（1）了解正确检测气门组件的重要性和必要性；
（2）会正确使用气门组件检测用的专用工具；
（3）能够正确检查液压挺柱孔与液压挺柱的油隙，气门导管与气门的油隙，气门边缘厚度和长度，气门弹簧的偏斜度、自由长度和预紧力；
（4）掌握气门组件检测的技术标准，并能按技术标准熟练操作；
（5）气门组件检测过程中注意操作注意事项；
（6）依据5S（5S的含义：整理、整顿、清洁、清扫、自律）管理的要求，培养学生安全、规范的操作习惯。

五 实训器材

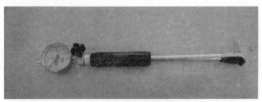

18～35mm量缸表

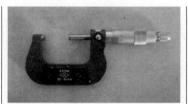

25～50mm外径千分尺

羊毛刷

5～10mm量缸表

0～25mm外径千分尺

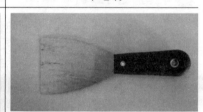

铲刀

游标卡尺

直角尺

清洁布

六 教学组织

1 教学组织形式

本课程为"工艺化"实训课，实训教师1名，学生24名，实训室共有6个实训工位，按照4人1个工位编组。

2 学生的站位分工和要求

学生按规定的工位站立，按教师的指令同时进行独立操作。

3 实训教师职责

播放教学视频，并讲解实训任务的操作步骤和相关注意事项；下达"开始操作"口令；巡视、检查、指导和纠正学生操作中的错误；课堂总结；组织学生对实训室进行清洁、整理。

4 学生职责

认真观看教学视频；完成教师布置的任务；做好课后的清洁、整理工作。

七、操作步骤

🌲 第一步　气门挺柱的检查（检查挺柱孔和挺柱直径）

1 选用量缸表、千分尺、棉纱。

：

检查测量工具是否齐全。

2 内径百分表的清洁。

：

清洁百分表表头，将其清洁干净。

3 组装量缸表，先装上百分表，然后将百分表预压1mm，最后锁紧螺母。

：

百分表的小指针指向1mm处。

4 选择正确的测量连杆，并旋动锁止螺母，但不要锁紧。

：

注意将测量连杆和螺母清洁干净。

5 用手按量缸表的测量触头，检查百分表是否会转动且回到同一位置。

提示：

（1）检查百分表是否正常；
（2）检查百分表是否安装到位。

任务17　检测气门组件

6 清洁千分尺的校量棒。

提示：

清洁时，用干净的抹布轻轻擦拭校量棒两端，千万不能用坚硬或者粗糙的东西接触校量棒两端。

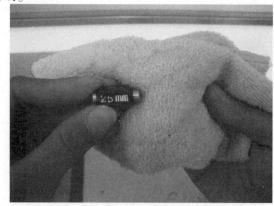

7 清洁千分尺。

提示：

清洁部位为千分尺的测砧与测微螺杆的测量面。千万不能用坚硬或者粗糙的东西接触千分尺测量面，若测砧与测微螺杆的测量面黏有脏物，会引起测量误差，导致测量结果失准。

8 千分尺调零。

提示：

（1）校量棒要放平放稳，否则检测结果会不准确；

（2）在台虎钳的钳口处垫上木块，或者是抹布，防止损坏千分尺；

（3）校准时，一手来回转动校量棒，另一只手顺时针拧动旋钮，当听到2~3次连续的咔咔声后停止转动，此时观察固定套筒与微分筒上的"0"刻度线应对准。

9 将千分尺调整到31mm处，调整后将其锁死。

提示：

将千分尺调整到位。

10 将量缸表放到千分尺上预压。

提示：

（1）眼睛平视百分表；

（2）左手调节百分表测量杆，右手四指握住百分表。

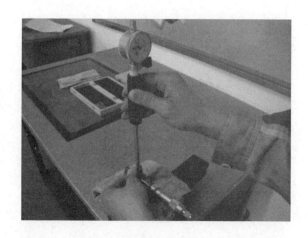

11 转动测量连杆，对量缸表进行预压。

提示：

调整测量连杆时，再对量缸表预压1mm。

12 百分表校准。将其调整到31mm处，再将百分表调整到"0"刻度位置。

提示：

校准时要时刻观察百分表指针的摆动情况。

13 预压百分表，使其小指针到2mm处。然后拧紧接杆螺母，用右手大拇指转动刻度盘，使得大指针对准"0"刻度。

提示：

（1）此时百分表的小指针应指向"2"，大指针指向"0"；

（2）调整完毕应再次在千分尺内前后、左右摆动，对百分表进行校对，看百分表的大、小指针是否指向预定的刻度。

14 读取数值。使用百分表，测量汽缸盖挺柱孔直径。挺柱孔径为31.000 ～ 31.025 mm。

提示：

按照规定要求进行检测。

15 检查挺柱孔的直径，并记录检测的数据。

提示：

将测量得出来的数据正确填写在表格上面。

16 选用25~50mm千分尺、棉纱。

提示：

检查工具是否齐全。

任务 17 检测气门组件

17 用干净的清洁布清洁气门挺柱表面。

提示：

如果清洁不到位会造成测量不准确。

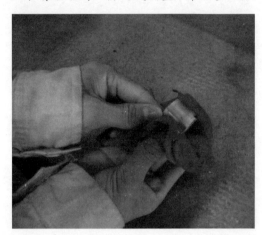

18 使用千分尺测量挺柱直径。挺柱直径为 30.966～30.976mm。

提示：

（1）对挺柱多个位置进行测量；
（2）测量后记录数据。

19 用挺柱孔直径减去挺柱直径即是两者的间隙值。标准间隙为0.024～0.059 mm；最大间隙为0.07 mm。

提示：

计算标准间隙，如果间隙超过最大值，则更换挺柱。如有必要，则更换汽缸盖。

20 检查后对气门挺柱进行清洁。

提示：

（1）清洁到位后将其放到零件车规定位置；
（2）清洁工具，并将其放回原处。

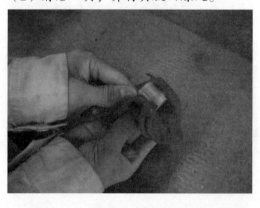

第二步　检查气门（测量气门导管衬套和气门直径）

1 选用0～25mm千分尺、棉纱。

提示：

检查检测工具是否齐全。

2 清洁千分尺。

提示：

清洁部位为千分尺的测砧与测微螺杆的测量面。千万不能用坚硬或者粗糙的东西接触校量棒两端，若测砧与测微螺杆的测量面黏有脏物会引起测量误差，导致测量结果失准。

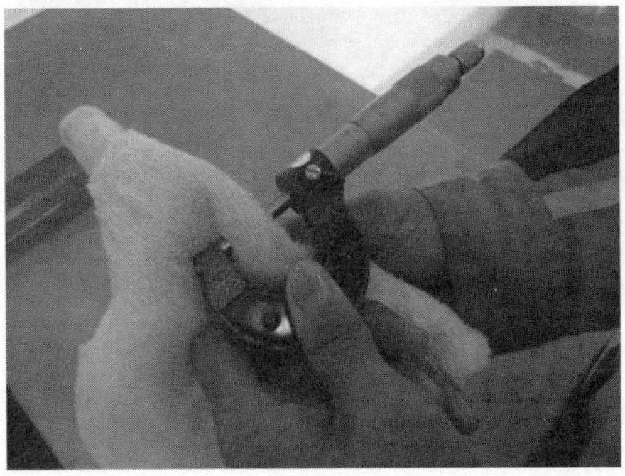

3 千分尺调零。

提示：

先快速旋转微分筒，使千分尺两测砧相接近，再通过旋钮旋转微分筒，当2～3次连续听到咔咔声后停止旋转，此时观察固定套筒与微分筒上的"0"刻度线应对准。

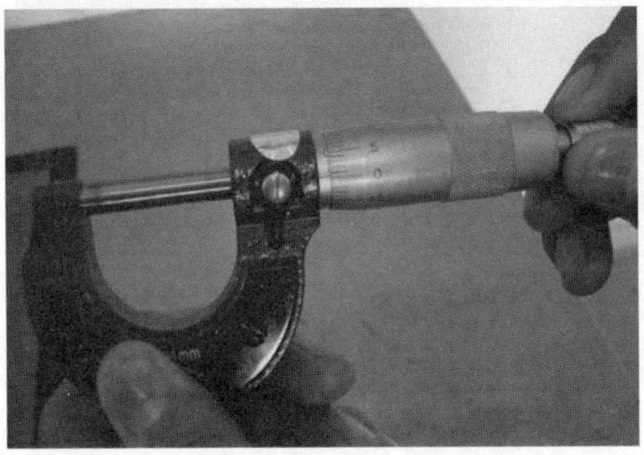

4 将外径千分尺调整到6mm处，调整到位后将其锁死。

提示：

在台虎钳上垫上一块抹布，将外径千分尺夹紧。

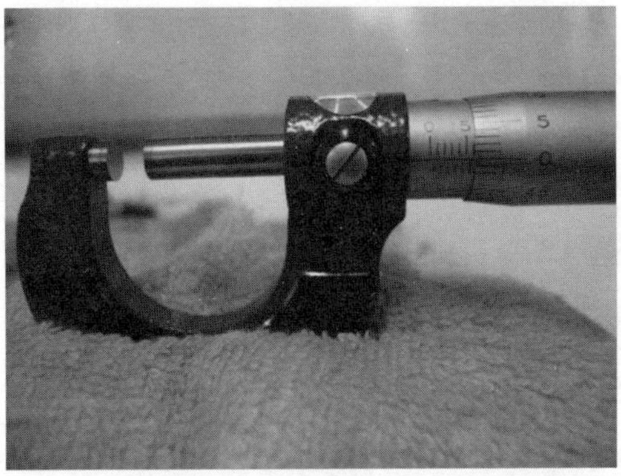

5 将百分表放置到0～25mm外径千分尺上进行预压。

提示：

选用合适的量程进行组装，然后将其放置到千分尺上进行校准。

6 转动测量杆，对量缸表进行预压。

提示：

不要使测量头滑移开千分尺的位置。

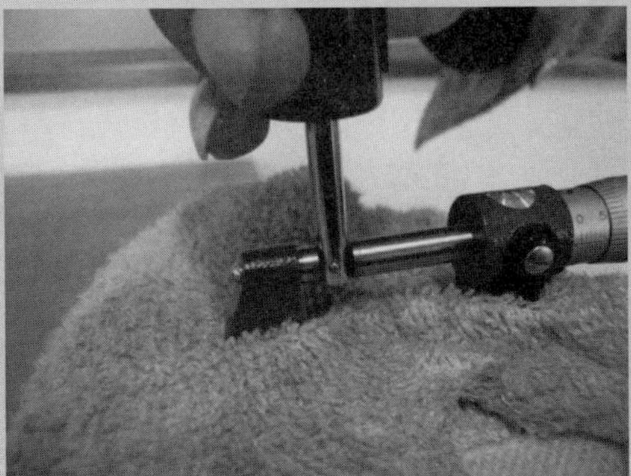

7 预压百分表,使其小指针到2mm处。然后拧紧接杆螺母,用右手大拇指转动刻度盘,使百分表大指针对准"0"刻度。

提示:

(1)此时百分表的小指针应指向"2",大指针指向"0";

(2)调整完毕应再次在千分尺内前后、左右摆动,对百分表进行校对,看百分表的大、小指针是否指向预定的刻度。

8 测量导管衬套直径,并记录数据。

使用百分表,测量导管衬套直径,衬套直径为6.010～6.030mm。

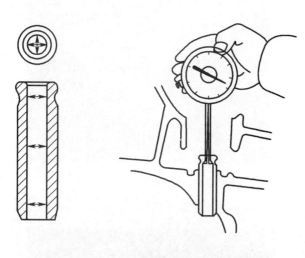

9 检查导管衬套的直径,并记录检测的数据。

提示:

将测量得出来的数据正确填写在表格上面。

10 选用0～25mm千分尺、干净的抹布。

提示:

(1)检查测量工具是否齐全,然后将工具放置整齐;

(2)检查工具是否清洁。

11 用0～25mm外径千分尺测量气门直径,并记录数据。气门杆直径:进气门为5.974～5.985mm;排气门为5.965～5.980mm。

用千分尺测量气门"上、中、下"三处共六面。

检查气门的直径,并记录检测的数据。

提示:

测量完毕后应及时记录数据。

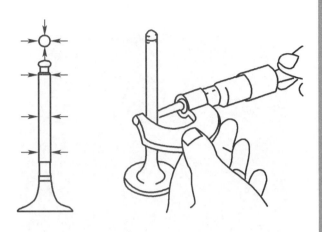

 用导管衬套直径的测量值减去气门杆直径的测量值即是两者间的油隙。标准间隙:进气门为0.025～0.060mm;排气门为0.030～0.065mm。最大间隙:进气门为0.08mm;排气门为0.10mm。

提示:

(1)将测量得出来的数据正确填写在表格上面;
(2)如果间隙大于最大值,则更换气门和导管衬套。

▲ 第三步 检查气门(检查气门边缘厚度和气门长度)

 用刀口直尺检查气门顶部边缘厚度。标准边缘厚度为0.8～1.2mm,最小边缘厚度为0.5mm。如果检测值小于最小边缘厚度,则更换气门。

提示:

检查时必须将气门和刀口直尺平稳地放置在测量平台上面,然后测量并记录数据。

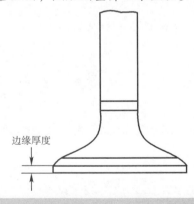

 清洁游标卡尺。

提示:

(1)清洁游标卡尺的测量端;
(2)如果清洁不到位会导致测量不精确。

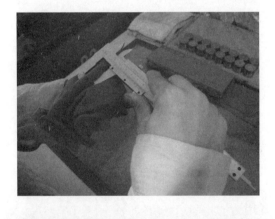

 校准游标卡尺。

提示:

将清洁后的游标卡尺合并,检查游标卡尺的"0"刻度线是否对齐。

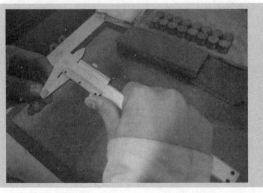

4 测量气门长度,并记录数据。标准长度:进气门为87.45 mm;排气门为87.84 mm。最小长度:进气门为86.95mm;排气门为87.35 mm。如果气门值小于最小长度值,则更换气门。

(1)使用游标卡尺时动作一定要规范;
(2)测量完毕后应及时记录数据;
(3)清洁工具,并将其放回原处。

5 测量完毕后,记录数据。

将测量得出来的数据正确填写在表格上面。

🌲 第四步 检查气门弹簧

1 工具准备:选用钢角尺、游标卡尺、弹簧测试器和清洁布。

检查工具是否准备齐全。

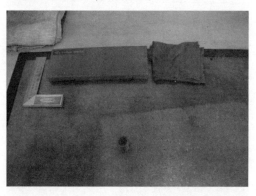

2 用清洁布清洁钢直尺。

钢直尺不干净会造成测量不准确。

3 用清洁布清洁气门弹簧。

气门弹簧不干净会造成测量误差。

4 使用直角尺在工作平台上测量气门弹簧的偏斜量。

提示:
最大偏斜量（参考值）：2mm。如果偏斜量大于最大值，则更换气门弹簧。

5 气门弹簧长度的检查。

提示:
将游标卡尺清洁到位，特别要清洁测量端面。

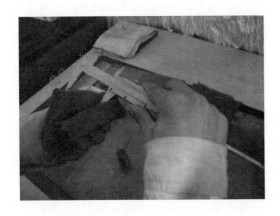

6 校准游标卡尺。

提示:
检查游标卡尺的"0"刻度线是否对准。

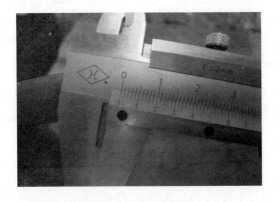

7 使用游标卡尺测量气门弹簧的自由长度。气门弹簧的自由长度为38.57mm，如果测量结果不符合标准，则更换气门弹簧。

提示:
注意测量时气门弹簧与游标卡尺平齐。

8 测量完毕后，记录数据。

提示:
将测量得出来的数据正确填写在表格上面。

9 检查气门弹簧的预紧力。使用弹簧测试器，在标准安装长度下测量气门弹簧的预紧力。气门弹簧压缩到31.7mm时预紧力为157～174N。如果预紧力不符合标准，则更换气门弹簧。

提示:
（1）在压缩气门弹簧时，应时刻观察弹簧的预紧力；
（2）清洁工具，并将其放回原处。

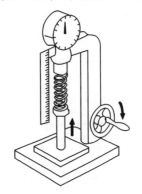

10 测量完毕后，记录数据。

提示：

将测量得出来的数据正确地填写在表格上面。

八 考核标准

考 核 标 准 表

考核时间	序号	考 核 项 目	满分	评分标准	得分
60min	1	着装规范	3分	酌情扣分	
	2	作业前整理工位	3分	酌情扣分	
	3	检查检测工具是否齐全	3分	未检查扣3分	
	4	选用百分表、千分尺、棉纱	3分	选取不当扣2分	
	5	百分表的清洁	3分	清洁不到位扣3分	
	6	正确组装百分表	3分	工具组装不正确扣3分	
	7	校准百分表	4分	操作不当扣4分	
	8	测量汽缸盖挺柱孔直径	5分	操作不当扣5分	
	9	检查挺柱孔的直径并记录检测的数据	4分	操作不当扣4分	
	10	用干净的棉纱清洁气门挺柱表面	3分	清洁不当扣3分	
	11	选用并清洁千分尺	3分	选用不当扣3分	
	12	测量液压挺柱直径	4分	操作不到位扣4分	
	13	计算标准油隙，用挺柱孔直径减去挺柱直径	5分	操作不到位扣5分	
	14	检测后清洁放回原处	3分	操作不到位扣3分	
	15	使用垫片铲刀，铲掉气门顶部的积炭，再用钢丝刷彻底清洁气门	3分	操作不到位扣3分	
	16	选用并清洁千分尺	3分	选用不当扣3分	
	17	清洁并校准千分尺	3分	操作不当扣3分	
	18	组装并校准百分表	4分	操作不当扣4分	
	19	测量导管衬套直径并记录数据	4分	操作不当扣4分	
	20	用外径千分尺测量气门直径并记录数据	4分	操作不当扣4分	
	21	计算标准间隙，将导管衬套直径的测量值减去气门杆直径的测量值	5分	操作不当扣5分	
	22	选用刀口直尺检查气门顶部边缘厚度	3分	操作不当扣3分	
	23	选用游标卡尺测量气门长度并记录数据	3分	操作不当扣3分	
	24	选用钢角尺测量气门弹簧偏斜量	3分	操作不当扣3分	
	25	选用游标卡尺测量气门弹簧自由长度并记录数据	3分	操作不当扣3分	
	26	用弹簧测试器测量气门弹簧预紧力并做记录	3分	操作不当扣3分	
	27	清洁整理工具	2分	未清洁整理扣2分	
	28	整理工作台	2分	未整理扣2分	
	29	安全操作	6分	跌落零件扣2分/次；损坏量具扣2分/次；扣完为止	
	30	其他		每超时1min扣2分，超时5min终止考试	
	31	遵守相关安全规范		因违规操作造成人身和设备事故的，总分按0分计	
		分数合计	100分		

任务 18 检测汽缸盖

一、任务说明

1. 汽缸盖的常见损伤

（1）裂纹。汽缸盖的裂纹多发生在进、排气门座之间的过梁处，这是由于气门座或气门导管配合过盈量过大与镶换工艺不当所引起。裂纹一般发生在水道壁较薄处，特别是冬季，由于冷却液在低温下结冰膨胀，会导致裂纹产生。

（2）变形。汽缸盖变形是指与汽缸体的接合平面翘曲变形，是一种常见的损伤形式。这种损伤通常是由于拆装汽缸盖时操作不当，以及未按汽缸盖螺栓规定的顺序和拧紧力矩操作所致。汽缸盖变形的主要原因：①发动机还在热机时进行拆卸容易造成发动机变形；②拧紧汽缸盖螺栓时操作不当，例如单边拧紧或者从两端拧紧都会造成汽缸盖变形。

汽缸体与汽缸盖的变形，致使汽缸体与汽缸盖平面度误差扩大，造成汽缸密封不严、漏水、漏气，甚至出现燃气冲坏汽缸垫现象，从而严重影响发动机的装配质量。

2. 汽缸盖的检修

汽缸盖的检修主要检查汽缸体一侧、进气歧管一侧和排气歧管一侧三个平面，如图18-1所示。检查汽缸盖平面：将汽缸盖翻过来，把刀口直尺放到汽缸盖下表面上，用塞尺检查汽缸盖的平面度。汽缸盖的平面度最大不得超过0.1mm。如超过最大极限值，应予以修理或更换，修理后的汽缸盖高度 a 不得低于规定值。对于丰田8A发动机，应使用刀口直尺和塞尺测量汽缸盖和歧管接触面翘曲变形。最大平面度：汽缸盖表面为0.05mm；进、排气歧管表面为0.10mm。如果平面度超过最大值，则更换汽缸盖。如果平面度超过磨损极限，可对整个汽缸盖进行表面研磨，但是进行表面研磨的前提条件是汽缸盖的高度应在规定的范围值内。检查之后，应对汽缸盖和歧管接触面进行清洁。

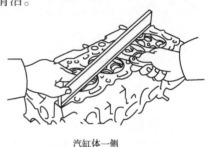

图18-1　汽缸盖检测的示意图

二、技术标准与要求

（1）丰田8A发动机汽缸盖的平面度最大值不得超过0.05mm；

（2）丰田8A发动机歧管接触面最大平面度：进、排气歧管表面平面度为0.10mm。

三、实训时间　30min　★★★

四 实训教学目标

（1）了解正确检测汽缸盖的重要性和必要性；
（2）会正确使用汽缸盖检测的专用工具；
（3）能够正确进行汽缸盖下平面、汽缸体上平面翘曲度的测量；
（4）掌握汽缸盖检测的技术标准，并能按技术标准熟练操作；
（5）汽缸盖检测过程中注意操作注意事项；
（6）依据5S（5S的含义：整理、整顿、清洁、清扫、自律）管理的要求，培养学生安全、规范的操作习惯。

五 实训器材

0～500mm刀口直尺

塞尺

清洁布

六 教学组织

1 教学组织形式

本课程为"工艺化"实训课，实训教师1名，学生24名，实训室共有6个实训工位，按照4人1个工位编组。

2 学生的站位分工和要求

学生按规定的工位站立，按教师的指令同时进行独立操作。

3 实训教师职责

播放教学视频，并讲解实训任务的操作步骤和相关注意事项；下达"开始操作"口令；巡视、检查、指导和纠正学生操作中的错误；课堂总结；组织学生对实训室进行清洁、整理。

4 学生职责

认真观看教学视频；完成教师布置的任务；做好课后的清洁、整理工作。

七 操作步骤

检测汽缸盖

1 汽缸盖平整度的检查（以及进、排气歧管平面度的检查）。

提示：

（1）丰田8A发动机最大平面度：汽缸盖表面为0.05 mm，进、排气歧管表面为0.10mm。测量时，一般先选用塞尺按照从小到大的原则测量，汽缸盖平面度为0.02～0.05mm，进、排气歧管表面的平面度为0.02～0.10mm；

（2）检测时，如果感觉塞尺在拉动时较为轻松，说明选择量程太小，塞尺拉不动，说明选择量程太大，拉动塞尺的感觉有明显的阻力存在，说明这个数值就是汽缸盖的平面度值；

（3）例如，汽缸盖表面平面度标准是0.05mm。检查时选用塞尺从0.02mm开始，如果感觉较松则换成0.03mm的塞尺，若仍然较松再换成0.04mm的塞尺，一直换到用0.05mm的塞尺。如果此时塞尺仍然较松，那么说明汽缸盖的平面度超出标准范围,应该进行研磨。

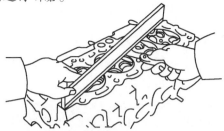

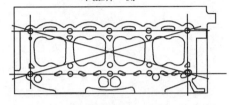
汽缸体一侧

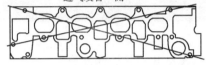
进气歧管一侧

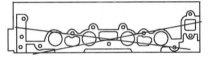
排气歧管一侧

2 选用并清洁塞尺。

提示:

(1)选用合适的塞尺量程;
(2)用干净的抹布对塞尺进行清洁。

3 选用500mm刀口直尺。

提示:

(1)选用刀口直尺;
(2)用干净的抹布对刀口直尺进行清洁。

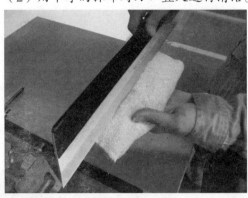

4 测量汽缸盖下平面的平面度,并填写测量表,将清洁工具放回原处。

提示:

(1)在汽缸盖上依次测量横向、纵向及交叉共六个位置及每个位置5个点,把刻刀尺放在缸盖表面,用塞尺从最小数值开始直到塞不进为止,眼睛要与被测平面平齐;
(2)用刀口直尺测量时要横放后再竖起,检查时刀口直尺一定不能在缸盖上拖动;
(3)用塞尺测量时要注意力度,以免损伤塞尺。

5 测量汽缸盖进气歧管一侧的平面度,并填写测量表,将清洁后的工具放回原处。

提示:

(1)在汽缸盖上依次测量横向、纵向及交叉共六个位置及每个位置5个点,把刀刻尺放在缸盖表面,选用的塞尺从最小数值开始直到塞不进为止,眼睛要与被测平面平齐;
(2)用刀口直尺测量时要横放后再竖起,检查时刀口直尺一定不能在缸盖上拖动;
(3)用塞尺测量时要注意力度,以免损伤塞尺。

6 测量汽缸盖排气歧管一侧的平面度，并填写测量表，将清洁后的工具放回原处。

提示：

（1）在汽缸盖排气歧管一侧上依次测量交叉共两个位置及每个位置5个点，把刀刻尺放在缸盖表面，选用的塞尺从最小数值开始直到塞不进为止，眼睛要与被测平面平齐；

（2）用刀口直尺测量时要横放后再竖起，检查时刀口直尺一定不能在缸盖上拖动；

（3）用塞尺测量时要注意力度，以免损伤塞尺。

8 清洁刀口尺并将其放回原处。

提示：

用干净的抹布清洁刀口，然后将其放回原处。

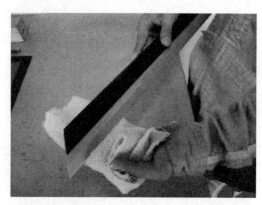

9 清洁塞尺并将其放回原处。

提示：

用干净的抹布清洁塞尺，然后将其放回原处。

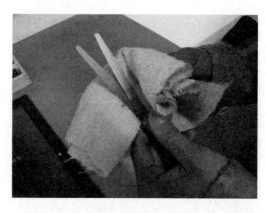

7 记录数据。

提示：

在表格上填写汽缸盖的测量数据。表格要填写完整。

八 考核标准

考核标准表

考核时间	序号	考核项目	满分	评分标准	得分
30min	1	着装规范	4分	酌情扣分，未操作全扣	
	2	作业前整理工位	2分	酌情扣分，未操作全扣	
	3	检查检测工具是否齐全	2分	未检查扣2分	
	4	清洁汽缸盖的下平面	2分	酌情扣分，未操作全扣	
	5	选用并清洁塞尺	2分	工具选用不当扣2分	
	6	选用并清洁刀口直尺	2分	工具选用不当扣2分	
	7	测量汽缸盖下平面的平面度，在缸盖上依次测量横向、纵向及交叉共六个位置及每个位置5个点	30分	酌情扣分，未操作全扣	
	8	填写记录检测数据	2分	未记录扣2分	

续上表

考核时间	序号	考 核 项 目	满分	评分标准	得分
30min	9	测量汽缸盖进气歧管一侧的平面度，在缸盖进气歧管一侧测量横向和交叉共四个位置及每个位置5个点	20分	酌情扣分，未操作全扣	
	10	填写记录检测数据	2分	未记录扣2分	
	11	测量汽缸盖排气歧管一侧的平面度，在缸盖进气歧管一侧测量交叉共两个位置及每个位置5个点	20分	酌情扣分，未操作全扣	
	12	填写记录检测数据	2分	未记录扣2分	
	13	清洁整理工具	2分	未清洁整理扣2分	
	14	整理工作台	2分	未整理扣2分	
	15	安全操作	6分	跌落零件扣2分/次；损坏量具扣2分/次；扣完为止	
	16	其他		每超时1min扣2分，超时5min终止考试	
	17	遵守相关安全规范		因违规操作造成人身和设备事故的，总分按0分计	
分数合计			100分		

任务19 调整气门间隙

一 任务说明

1 气门间隙

发动机在冷态下，当气门处于关闭状态时，气门与传动件之间的间隙称为气门间隙。

2 气门间隙的作用

发动机工作时，由于受热膨胀的原因，气门与传动件间要留一定的间隙，才能使其正常工作。

气门间隙过大时：进、排气门开启滞后，缩短了进排气时间，降低了气门的开启高度，改变了正常的配气相位，使发动机因进气不足、排气不净而功率下降。此外，还会使配气机构零件的撞击增加，磨损加快。

气门间隙过小时：发动机工作后，零件受热膨胀，会将气门推开，使气门关闭不严，造成漏气，使发动机功率下降，并使气门的密封表面严重积炭或烧坏，甚至出现气门撞击活塞现象。

3 液压挺柱式气门机构

采用液压挺柱式的配气机构不需要留气门间隙。

二 技术标准与要求

1 检查正时标记

检查时，丰田8A发动机1号汽缸定位在压缩行程上止点。

转动曲轴皮带轮，将它的缺口与正时皮带轮罩的正时标记"0"对正。

检查凸轮轴正时皮带轮的"K"标记与轴承盖的正时标记对正。

2 按标准值计算新垫片的厚度

提示：T（拆下的调整垫片的厚度），A（测量的气门间隙），N（新调整垫片的厚度）。

进气门为$N=T+（A-0.20mm）$；排气门为$N=T+（A-0.30mm）$。

3 更换、调整垫片后的检查

垫片的厚度：进气门为0.15~0.25mm，排气门为0.25~0.35mm。

三 实训时间 40min

四 实训教学目标

（1）了解正确检查并调整气门间隙的重要性和必要性；
（2）会正确使用气门间隙调整的专用工具；
（3）能够正确检查、计算并调整气门间隙；
（4）掌握气门间隙检查与调整的技术标准，并能按技术标准熟练操作；
（5）气门间隙检查与调整过程中注意操作注意事项；
（6）依据5S（5S的含义：整理、整顿、清洁、清扫、自律）管理的要求，培养学生安全、规范的操作习惯。

五 实训器材

塞尺

0～25mm外径千分尺

气门间隙调整工具

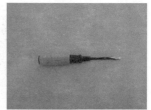
一字螺丝刀

清洁布

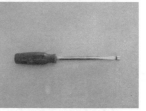
磁性吸棒

六 教学组织

1 教学组织形式
本课程为"工艺化"实训课,实训教师1名,学生24名,实训室共有6个实训工位,按照4人1个工位编组。

2 学生的站位分工和要求
学生按规定的工位站立,按教师的指令同时进行独立操作。

3 实训教师职责
播放教学视频,并讲解实训任务的操作步骤和相关注意事项;下达"开始操作"口令;巡视、检查、指导和纠正学生操作中的错误;课堂总结;组织学生对实训室进行清洁、整理。

4 学生职责
认真观看教学视频;完成教师布置的任务;做好课后的清洁、整理工作。

七 操作步骤

▲ 第一步 检查气门间隙

1 检查1号汽缸压缩上止点位置。

(1)转动曲轴皮带轮,将它的缺口与正时皮带轮罩的正时标记"0"对正。

> **提示:**
> 检查曲轴上的正时标记是否对准。

任务19 调整气门间隙

（2）检查凸轮轴正时皮带轮的"K"标记与轴承盖的正时标记是否对准。如果没对准，则转动曲轴一圈（360°）。

检查凸轮轴皮带轮上的正时标记是否对准。

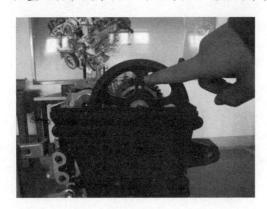

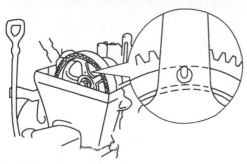

2 检查气门间隙

（1）仅检查标出的气门。

①使用塞尺测量气门挺柱和凸轮轴之间的间隙。

a.对塞尺进行清洁；

b.选用合适的塞尺量程，检查气门挺柱和凸轮轴之间的间隙；

c.塞尺使用完毕后，要进行清洁并将其放回原处。

②记录超出标准的间隙值，这些值在以后考虑更换、调整垫片时使用。

气门间隙：进气为0.15～0.25mm（0.006～0.010in）；排气为0.25～0.35mm（0.010～0.014in）。

a.检测进、排气门各个气门挺柱与凸轮轴的间隙；

b.测量完毕后记录这些数据。

（2）将曲轴皮带轮顺时针转动一圈（360°），使其缺口与1号正时皮带轮罩的正时标记"0"对正。

检查曲轴皮带轮正时记号是否对准。

（3）仅检查标出的气门。

①使用塞尺测量气门挺柱和凸轮轴之间的间隙。

a.对塞尺进行清洁；

b.选用合适的塞尺量程，检查气门挺柱和凸轮轴之间的间隙；

c.塞尺使用完毕后，要进行清洁，再将其放回原处。

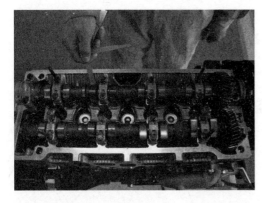

②记录超出标准的间隙值，这些值在以后考虑更换、调整垫片时使用。

气门间隙：进气为0.15～0.25mm(0.006～0.010in)；排气为0.25～0.35mm(0.010～0.014in)。

测量气门挺柱和凸轮轴的间隙值，检查完毕后将这些数据进行记录。

🌲 第二步　调节气门间隙

1 拆下调整垫片。

（1）转动曲轴，把要调节气门对应的凸轮桃尖朝上。

使用工具将气门挺柱的缺口朝向排气歧管一侧。

（2）使用SST（A）压下气门挺柱，在凸轮轴和气门挺柱之间放置SST（B），拆下SST（A）。SST 09248－55050（09248－05510，09248－05520）。

使用带标记"11" SST（B）的一侧。

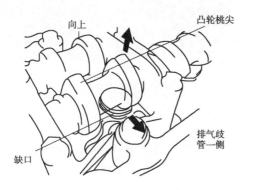

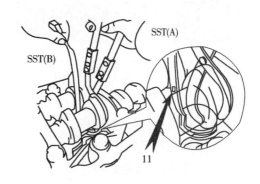

任务 19　调整气门间隙

133

（3）用一字螺丝刀和磁棒拆下调整垫片。

提示：

a.拆卸时注意拆卸方法，要防止液压挺柱弹起；

b.用一字螺丝刀先顶起液压挺柱调整垫片，然后用吸棒将其取下。

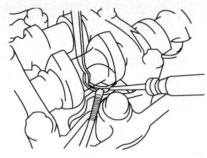

2 按下列公式或数据表确定更换调整垫片的厚度。

（1）使用千分尺，测量拆下的垫片的厚度。

提示：

测量拆下的垫片的厚度并做记录。

（2）按标准值计算新垫片的厚度。

提示：

T——拆下的调整垫片的厚度；

A——测量的气门间隙；

N——新调整垫片的厚度。

进气：$N = T + (A - 0.20 \text{ mm})$

排气：$N = T + (A - 0.30 \text{ mm})$

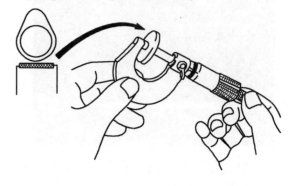

（3）进、排气门调整垫片的选择。

提示：

根据垫片号码，得知相应垫片的厚度。

垫片号码	厚　度	垫片号码	厚　度
1	2.55（0.1004）	9	2.95（0.1161）
2	2.60（0.1024）	10	3.00（0.1181）
3	2.65（0.1043）	11	3.05（0.1201）
4	2.70（0.1063）	12	3.10（0.1220）
5	2.75（0.1083）	13	3.15（0.1240）
6	2.80（0.1102）	14	3.20（0.1240）
7	2.85（0.1122）	15	3.25（0.1280）
8	2.90（0.1142）	16	3.30（0.1299）

（4）选择一个厚度尽可能接近计算值的新垫片。

提示：

调整垫片的厚度为2.55～3.30 mm，有16级尺寸，每级增加0.05 mm。

（5）重新安装新的垫片。

提示：

将测量后的垫片放入到规定的液压挺柱上，注意检查放置位置是否正确。

准间隙：进气为0.15～0.25mm(0.006～0.010in)；排气为0.25～0.35mm(0.010～0.014in)。

（6）检查每一道气门间隙。

 提示：

安装完毕后检查气门间隙，注意进、排气门标

八 考核标准

考 核 标 准 表

考核时间	序号	考核项目	满分	评分标准	得分
40min	1	着装规范	4分	酌情扣分，未操作全扣	
	2	作业前整理工位	4分	酌情扣分，未操作全扣	
	3	检查检测工具是否齐全	4分	检查不到位扣4分	
	4	检查1号汽缸确实定位在压缩冲程上止点	4分	检查不到位扣4分	
	5	选用并清洁塞尺	4分	工具选用不当扣4分	
	6	检测气门挺柱和凸轮轴之间的间隙	4分	操作不当扣4分	
	7	检查曲轴皮带轮正时记号是否对准	4分	检查不到位扣4分	
	8	用塞尺测量气门挺柱和凸轮轴之间的间隙并做记录	6分	操作不当扣6分	
	9	选用液压挺柱拆卸的专用工具	4分	工具选用不当扣4分	
	10	用工具将液压挺柱的顶端压紧	4分	操作不当扣4分	
	11	选用小螺丝刀和磁性吸棒	4分	工具选用不当扣4分	
	12	用工具取下液压挺柱的调整垫片	4分	操作不当扣4分	
	13	选用外径千分尺	4分	工具选用不当扣4分	
	14	用工具测量拆卸的调整垫片的厚度	6分	操作不当扣6分	
	15	按标准值计算新垫片的厚度	6分	操作不当扣6分	
	16	选择一个厚度尽可能接近计算值的新垫片	6分	操作不当扣6分	
	17	重新安装新的垫片	6分	操作不当扣6分	
	18	检查每一道气门间隙	8分	操作不当扣8分	
	19	清洁整理工具	4分	未清洁整理扣4分	
	20	整理工作台	4分	未整理扣4分	
	21	安全操作	6分	跌落零件扣2分/次；损坏量具扣2分/次；扣完为止	
	22	其他		每超时1min扣2分，超时5min终止考试	
	23	遵守相关安全规范		因违规操作造成人身和设备事故的，总分按0分计	
		分数合计	100分		

任务20 安装曲轴

一 任务说明

曲轴是发动机最重要的部件之一。其安装质量在一定程度上决定了发动机总成的装配质量。

在安装曲轴半圆推力环时，要用润滑油将其粘贴在座上，推力环带有油槽的一面要朝外安装，因为油槽引导润滑油流回油底壳，并且在油液流动的过程中带走摩擦表面产生的热量。

在主轴承和主轴颈上要涂抹润滑油，因为在发动机装配完成后第一次起动时，润滑油泵无法提供正常的系统油压，此时主轴颈、主轴承处于干摩擦阶段，磨损最快。所以在安装之前必须要在相应的摩擦表面涂抹适量润滑油，以改善发动机起动期间机件的润滑状况。

安装轴承盖时，要确认数字序号和安装标记"←"，按照3-2-4-1-5的顺序依次安装。若出现错乱，将破坏轴承盖与座的配合特性，改变轴承和轴颈的配合状态。

往轴承盖固定螺栓的螺纹上涂抹润滑油有两个作用：一是润滑螺纹；二是减少螺栓与螺母之间的摩擦力，保证拧紧力矩的准确性。

装完一个轴承盖后，应使曲轴转动一圈，检查曲轴是否能转动自如，否则应重新安装此轴承盖。

使用锤柄敲击轴承盖使其落座，严禁采用紧固螺栓使轴承盖落座的错误方法。因为两端螺栓拧紧力矩的不均匀会导致轴承盖在落座的过程中出现歪斜，损伤轴承盖的侧向定位面。敲击轴承盖时，要选用软金属器具，如黄铜棒或铝棒，在敲击时既不会损伤轴承盖，又不会有金属屑脱落。

二 技术标准与要求

（1）安装轴承盖时，要求确认数字序号和安装标记；

（2）安装轴承盖时，要求按照顺序（3-2-4-1-5）依次安装；

（3）丰田8A发动机的曲轴轴承盖螺栓拧紧力矩为60N·m。

三 实训时间 20min ★★

四 实训教学目标

（1）熟悉正确安装曲轴的顺序；
（2）掌握安装曲轴的工艺。

五 实训器材

羊毛刷

气枪

润滑油壶

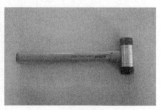
塑料锤

14mm套筒

短接杆

棘轮扳手

预调式扭力扳手

清洁布

六 教学组织

1 教学组织形式

本课程为"工艺化"实训课,实训教师1名,学生24名,实训室共有6个实训工位,按照4人1个工位编组。

2 学生的站位分工和要求

学生按规定的工位站立,按教师的指令同时进行独立操作。

3 实训教师职责

播放教学视频,并讲解实训任务的操作步骤和相关注意事项;下达"开始操作"口令;巡视、检查、指导和纠正学生操作中的错误;课堂总结;组织学生对实训室进行清洁、整理。

4 学生职责

认真观看教学视频;完成教师布置的任务;做好课后的清洁、整理工作。

七 操作步骤

安装曲轴

1 用清洁布清洁曲轴轴承座。

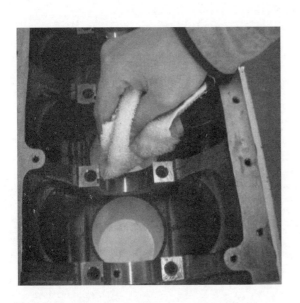

2 用压缩空气吹净曲轴轴承座。

提示:

(1)禁止将压缩空气吹向人体,特别是眼睛部位;

(2)吹净轴承座及螺栓孔内的杂质。

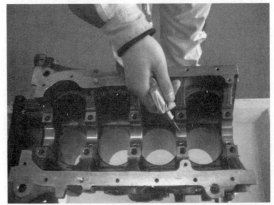

3 用柴油清洗上轴承。

提示：

若上轴承的工作表面黏有灰尘等脏物，在安装完曲轴后，会划伤曲轴的主轴颈。

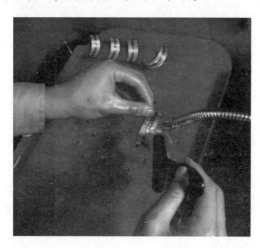

4 用压缩空气吹净上轴承上的柴油。

提示：

禁止将压缩空气吹向人体，特别是眼睛部位。

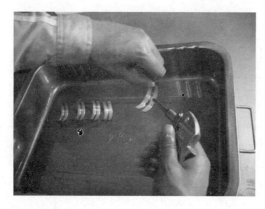

5 安装上轴承。

提示：

5个上轴承必须装到相对应的轴承座上，并且对准上轴承凸起处和轴承座的凹槽处。

6 在上轴承工作表面涂抹适量润滑油。

提示：

发动机装配完成后，第一次起动时，机油泵尚不能提供正常的系统油压，此时发动机的各个运动机件会处于干摩擦阶段，磨损最快。所以在安装上轴承时要在相应的摩擦表面涂适量的润滑油，以改善发动机起动期间机件的润滑状况。

7 用手指均匀涂抹润滑油。

提示：

将润滑油进行均匀涂抹的目的，是使上轴承的工作表面能得到全面的润滑。

8 用柴油清洗上半圆推力环。

提示：

若上半圆推力环的表面黏有灰尘等杂质，会增大曲轴的轴向推力间隙。

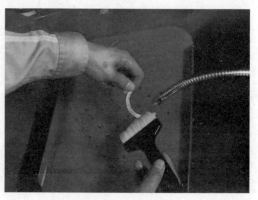

9 用压缩空气吹净上半圆推力环上的柴油。

提示：

禁止将压缩空气吹向人体，特别是眼睛部位。

10 在曲轴上半圆推力环带油槽的一面涂抹适量的润滑油。

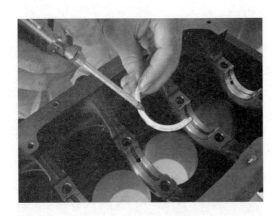

11 用手指将润滑脂均匀地涂抹在推力环的光滑表面上。

提示：

将润滑油均匀地涂抹开，目的是使上半圆推力环的背面能粘贴在轴承座上。

12 将两片上半圆推力环装到轴承座上。

提示：

两片上半圆推力环带油槽的一面要朝外安装，因为油槽引导润滑油流回油底壳，并且在油液流动的过程中能带走摩擦表面产生的热量。

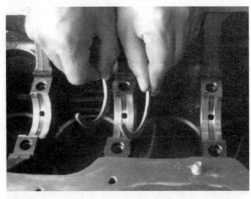

13 用柴油清洗曲轴。

提示：

若曲轴的主轴颈和连杆轴颈上黏有灰尘等脏物，在安装完曲轴后，会划伤曲轴的主轴颈和连杆轴颈。

14 用压缩空气吹净曲轴上的柴油。

提示：

禁止将压缩空气吹向人体，特别是眼睛部位。

15 将曲轴抬起并端平，轻轻放到轴承座上。

提示：

将曲轴放置在轴承座上时，一定要把曲轴端平，缓慢下落，否则，其不仅不容易落座，而且还容易损伤轴承和轴颈。此时不要转动曲轴，以防止损坏轴承。

16 在曲轴主轴颈上涂抹适量润滑油。

17 用手指将润滑油均匀地涂抹开。

提示：

将润滑油均匀地涂抹开，目的是使曲轴的主轴颈能够得到全面的润滑。

18 清洁下半圆推力环第三道轴承盖、上轴承、轴承盖螺栓。

提示：

用同样方法清洁其他四道轴承盖、上轴承、轴承盖螺栓。

19 用压缩空气吹净下半圆推力环、轴承盖、上轴承、轴承盖螺栓上的柴油。

提示：

（1）禁止将压缩空气吹向人体，特别是眼睛部位；

（2）用同样方法吹净其他四道轴承盖、上轴承、轴承盖螺栓。

20 在第三道轴承盖上装入下轴承。

提示：

对准下轴承凸起处和轴承盖上的凹槽处。

21 在下轴承的工作表面涂抹适量的润滑油。

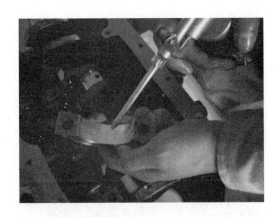

22 用手指将润滑油均匀地涂抹开。

提示：

用手均匀地涂抹润滑油的目的，是使下轴承的工作表面能够得到全面的润滑。

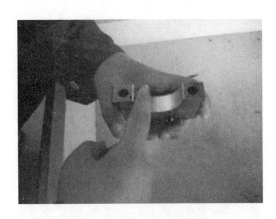

23 在曲轴下半圆推力环带油槽的一面涂抹适量的润滑油。

24 用手指将润滑脂均匀地涂抹在推力环的光滑面上。

提示：

将润滑油均匀地涂抹开，目的是能把下半圆推力环的背面粘贴在轴承盖上。

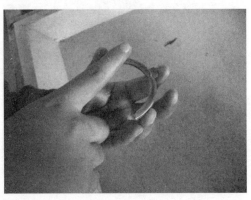

25 将两片下半圆推力环装入轴承盖上。

提示：

两片下推力环带油槽的一面要朝外安装，因为油槽引导润滑油流回油底壳，并且在油液流动的过程中能带走摩擦表面产生的热量。

26 给轴承盖螺栓、螺纹涂抹适量润滑油。

提示：

用手将螺纹上的润滑油均匀地涂抹开，使螺栓得到全面的润滑。

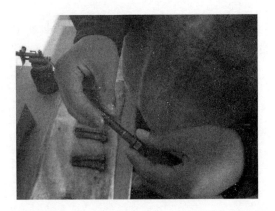

27 确认轴承盖的数字顺序和朝前标记后，将第三道轴承盖安放到相应的轴承座上。

提示：

轴承盖上的标记"←"应朝前。

28 将轴承盖螺栓放入螺栓孔内，并用手将螺栓拧紧几圈。

提示：

（1）用手把螺栓拧紧几圈，目的是通过手感来保证对正螺纹。如果使用工具旋入螺栓，一旦螺纹歪斜，就会造成螺纹的损伤。另外，旋入几扣螺纹的螺栓还可起到将轴承盖定位的作用，为轴承盖的可靠落座做好准备；

（2）依次将其他四道轴承盖装入轴承座内。

31 将曲轴皮带轮装到曲轴上，转动皮带轮，检查曲轴的转动情况。

提示：

若感觉曲轴转动较沉重，应检查皮带轮的装配是否正确；若转动平顺，则继续安装，直到完成五道轴承盖螺栓全部拧紧为止。

29 用锤柄轻轻敲击轴承盖，使轴承盖与轴承座紧密贴合。

提示：

使用锤柄敲击轴承盖使其落座，严禁采用紧固螺栓使轴承盖落座的错误方法。因为两端螺栓拧紧力矩的不均匀会导致轴承盖在落座的过程中出现歪斜，损伤轴承盖的侧向定位面。

30 用棘轮扳手、14mm套筒、短接杆按顺序（3-2-4-1-5）拧紧轴承盖固定螺栓。

提示：

装一道轴承盖后，应使曲轴转动一圈，以检查安装情况是否正确，目的就是及时发现问题（装完每一道轴承盖后接下一步操作）。

32 用预调式扭力扳手、短接杆、14mm套筒分3次拧紧曲轴轴承盖螺栓。

提示：

（1）丰田8A发动机的曲轴轴承盖螺栓拧紧力矩为60N·m；

（2）3次拧紧力矩为20N·m、40N·m、60N·m；

（3）每一道轴承盖螺栓拧到规定力矩后，应转动曲轴一圈，检查安装情况是否正确，目的就是及时发现问题。

33 转动皮带轮，检查曲轴的转动情况。

34 整理工具、工位。

八 考核标准

考 核 标 准 表

考核时间	序号	考 核 项 目	满分	评分标准	得分
20min	1	作业前整理工位	5分	酌情扣分	
	2	用压缩空气吹净各轴承座	1分	未清洁扣1分	
	3	用清洁布清洁各轴承座	1分	未吹净扣1分	
	4	用柴油清洗上轴承	1分	未清洁扣1分	
	5	用压缩空气吹净上轴承内的柴油	1分	未吹净扣1分	
	6	把上轴承放入曲轴轴承座内	5分	酌情扣分，未操作全扣	
	7	给上轴承的工作表面加注润滑油	2分	酌情扣分，未操作全扣	
	8	用手指将上轴承中的润滑油均匀地涂抹开	2分	酌情扣分，未操作全扣	
	9	用柴油清洗上半圆推力环	1分	未清洁扣1分	
	10	用压缩空气吹净上半圆推力环内的柴油	1分	未吹净扣1分	
	11	在两片下半圆推力环带油槽的一面上涂抹润滑油	2分	酌情扣分，未操作全扣	
	12	用手指在两片下半圆推力环光滑的一面均匀地涂抹一层润滑脂	2分	酌情扣分，未操作全扣	
	13	将两片半圆推力环装入第三道上轴承座两侧	3分	酌情扣分，未操作全扣	
	14	用柴油清洗曲轴	1分	未清洁扣1分	

续上表

考核时间	序号	考 核 项 目	满分	评分标准	得分
20min	15	用压缩空气吹净曲轴上的柴油	1分	未清洁扣1分	
	16	安装曲轴	5分	酌情扣分，未操作全扣	
	17	在曲轴的主轴颈上涂抹润滑油	2分	酌情扣分，未操作全扣	
	18	在第三道轴承盖上装入下轴承	5分	酌情扣分，未操作全扣	
	19	在第三道下轴承的工作表面处涂抹润滑油	2分	酌情扣分，未操作全扣	
	20	将两片下半圆推力环装入第三道轴承盖两侧	3分	酌情扣分，未操作全扣	
	21	将第三道轴承盖装入轴承座内	5分	酌情扣分，未操作全扣	
	22	在轴承盖螺栓上涂抹适量润滑油	2分	酌情扣分，未操作全扣	
	23	按照3-2-4-1-5的顺序将其他四道轴承盖装入轴承座内	15分	酌情扣分，未操作全扣	
	24	用锤柄轻轻敲击各道轴承盖	5分	酌情扣分，未操作全扣	
	25	选用14mm套筒、短接杆、棘轮扳手	1分	未操作扣1分	
	26	按3-2-4-1-5的顺序将各道轴承盖螺栓拧紧	5分	酌情扣分，未操作全扣	
	27	选用14mm套筒、短接杆、预调式扭力扳手	1分	未操作扣1分	
	28	按3-2-4-1-5的顺序第一次将各道轴承盖螺栓拧紧，力矩为20N·m	5分	酌情扣分，未操作全扣	
	29	第二次将各道轴承盖螺栓拧紧，力矩为：40 N·m	5分	酌情扣分，未操作全扣	
	30	第三次将各道轴承盖螺栓拧紧，力矩为：60 N·m	5分	酌情扣分，未操作全扣	
	31	清理工具，将工具放置原位	5分	酌情扣分	
	32	遵守相关安全规范		因违规操作造成人身和设备事故的，总分按0分计	
		分数合计	100分		

任务21 安装活塞连杆组

一 任务说明

1 活塞环安装

按先油环后气环的顺序逐个安装活塞环。

（1）油环安装：先将油环弹簧用手装入油环槽内，再将上、下两刮油环装入。安装时要依照丰田8A维修手册的说明，按指定的端口位置，安装上、下刮油环。

（2）气环安装：两道气环按先装第二道后装第一道的顺序，用活塞环拆装钳依次装入。安装第二道气环时，应辨明安装方向，活塞环侧有标记的一面应朝上安装；第一道活塞环无标记，因此无须辨明安装方向。所有气环均依照丰田8A维修手册的说明，按指定的端口位置安装。

2 安装活塞连杆组

在安装活塞连杆组的过程中，要保证活塞连杆组与汽缸相对应，连杆大头处有代表缸序的阿拉伯数字，如"1"代表是第一缸的活塞连杆组。

在安装之前，在活塞的环槽、裙部、活塞销、汽缸壁、连杆轴承处涂抹润滑，其目的是改善发动机起动前配合副之间的润滑条件，以及加强汽缸的密封作用。

将活塞连杆组放入汽缸之前，要确认活塞的朝前标记，8A发动机是以活塞顶部标有"○"形状的凹点作为朝前标记。若活塞的方向装反，将会改变活塞连杆组在汽缸内的正常运动状态，以致加剧活塞、活塞环、汽缸壁的磨损。

在用木槌柄敲击活塞使其落位时，要两人配合安装。一人轻轻敲击活塞顶部，另一人在连杆大头方向时刻观察活塞的落位情况，主要观察连杆大头的方向是否对正连杆轴颈，并用手托住连杆大头，防止连杆螺栓刮伤汽缸壁和连杆轴颈。

在安装连杆轴承盖时，轴承盖上的凸点应朝向皮带轮方向。加紧连杆螺母时应先用手旋入几扣，再用工具拧紧至规定力矩。

之后，要转动曲轴，检查安装情况。目的是及时发现问题，若感觉曲轴不能转动自如，则应查找问题，甚至重新安装此组活塞连杆组。

二 技术标准与要求

（1）第二道气环装入时应辨明安装方向，活塞环侧有标记的一面应朝上安装；

（2）安装活塞连杆组时，要将塑料保护套套在连杆螺栓上；

（3）将活塞连杆组放入汽缸之前，要确认活塞的朝前标记。8A发动机活塞的朝前标记是活塞顶部上标有"○"形状的凹点；

（4）丰田8A发动机连杆螺母的拧紧力矩为29N·m，然后再将螺母转过90°。

三 实训时间 40min

四 实训教学目标

（1）掌握正确安装活塞连杆组的顺序；
（2）掌握安装活塞连杆组的工艺。

五 实训器材

| 羊毛刷 | 气枪 | 机油壶 | 活塞环拆装钳 |

| 塑料保护套 | 塑料锤 | 14mm套筒 | 短接杆 |

| 棘轮扳手 | 预调式扭力扳手 | |

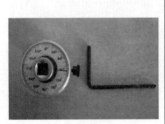 

| 角度器 | 指针式扭力扳手 | 清洁布 |

六 教学组织

❶ 教学组织形式

本课程为"工艺化"实训课,实训教师1名,学生24名,实训室共有6个实训工位,按照4人1个工位编组。

❷ 学生的站位分工和要求

学生按规定的工位站立,按教师的指令同时进行独立操作。

❸ 实训教师职责

播放教学视频,并讲解实训任务的操作步骤和相关注意事项;下达"开始操作"的口令;巡视、检查、指导和纠正学生操作中的错误;课堂总结;组织学生对实训室进行清洁、整理。

❹ 学生职责

认真观看教学视频;完成教师布置的任务;做好课后的清洁、整理工作。

七 操作步骤

▲ 第一步 安装活塞环

1 用柴油清洁各活塞环。

2 用压缩空气吹净各活塞环上的柴油。

提示：
严禁将压缩空气对准人体吹，特别是眼睛部位。

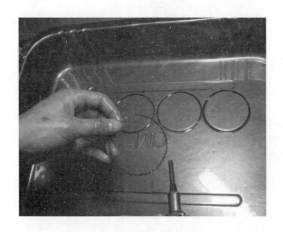

3 用柴油清洁活塞、连杆总成。

4 用压缩空气吹净活塞、连杆总成上的脏物。

提示：
严禁将压缩空气对准人体吹，特别是眼睛。

5 用手安装油环弹簧。

提示：
安装时用力不宜过大，否则将会折断油环弹簧。

6 用手安装上、下上刮油环。

提示：
活塞环的安装顺序是由下至上。装刮油环时应防止用力过大，否则会使其折断。

7 使用活塞环拆装钳，将第二道气环装入活塞环槽内。

> **提示：**
> （1）活塞环应平稳地放入活塞环拆装钳内。使用活塞环拆装钳时应避免用力过大，应均匀地将活塞环张开；
> （2）安装第二道气环时，应辨明安装方向，活塞环侧有标记的一面应朝上安装。

8 用同样方法将第一道气环装入活塞环槽内。

9 整理工具。

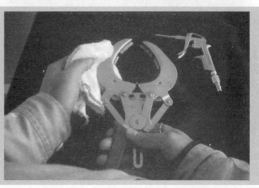

第二步　将活塞连杆组装入汽缸内

1 将发动机平置。

> **提示：**
> 将发动机平置，不仅便于活塞连杆组的安装，还能防止活塞连杆组滑落到地面上。

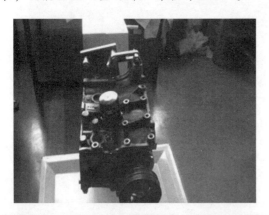

2 检查1缸的连杆轴颈是否处于活塞下止点位置。

> **提示：**
> 若连杆轴颈未处于活塞下止点位置，在安装时，连杆将不能顺利地落位在连杆轴颈上。

3 用清洁布清洁汽缸。

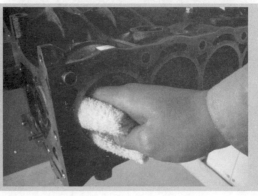

4 用清洁布清洁连杆轴颈。

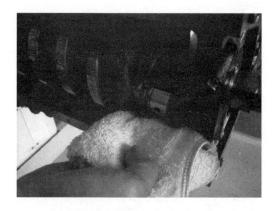

5 用压缩空气吹净汽缸。

6 用压缩空气吹净连杆轴颈。

10 用手均匀地涂抹机油。

7 向汽缸内加注润滑油。

8 用手均匀地涂抹机油。

提示:
　　涂抹润滑油的主要目的，是改善发动机起动前配合副之间的润滑条件，以及加强汽缸的密封作用。

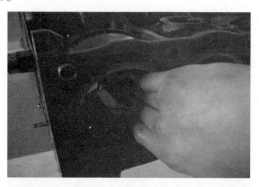

9 在连杆轴颈上加注机油。

任务 21　安装活塞连杆组

11 正确选择活塞组（以下以"1缸"活塞连杆组安装为例，加以说明）。

提示：

在安装活塞连杆组的过程中，要保证活塞连杆组与汽缸相对应，连杆大头处有代表缸序的阿拉伯数字，如"1"代表是第1缸的活塞连杆组。

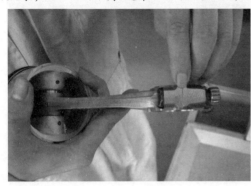

12 向环槽内涂抹适量润滑油。

提示：

让两道气环的端口处于同一位置，在端口处加注润滑油；然后在油环上加注润滑油。

13 用手旋转所有活塞环一周。

提示：

用手转动活塞环，检查环在环槽内转动是否平滑；否则，应查明原因。

14 用手调整各道活塞环端口位置。

提示：

当活塞朝前记号向前时，逆时针转动45°时为第一道气环端口位置，180°时为第二道气环端口位置，再逆时针转动45°时为上刮油环端口位置，在过上刮油环180°时为下刮油环端口位置。

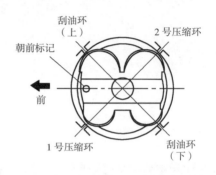

15 在活塞裙部涂抹适量润滑油。

提示：

用手指将机油均匀地涂抹开，以防止活塞裙部只受到局部润滑。

16 在连杆上轴承处涂抹适量润滑油。

17 用手指将润滑油均匀地涂抹开。

提示：

用手指将机油均匀地涂抹开，以防止轴瓦只受到局部润滑。

18 给连杆螺栓加注机油。

19 给连杆螺栓套上塑料保护套。

20 将活塞连杆组轻轻放入汽缸内。

提示：

活塞顶部的凹点朝向皮带轮，如果活塞的方向装反，将会改变活塞连杆组在汽缸内的正常运动状态，加剧活塞、活塞环、汽缸壁的磨损。

21 清洁卡箍内表面。

22 放松卡箍并在卡箍内涂油。

23 用手将卡箍内的机油均匀地涂抹开。

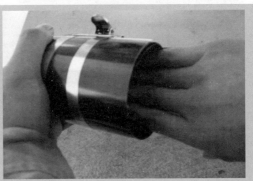

24 用活塞环卡箍将三道活塞环收紧。

提示：

先将活塞环的环箍套在活塞环的外圆上，然后使卡箍锁紧装置将环箍收紧。环箍必须超过活塞环的气环位置，但不宜将整个活塞套在环箍内。

25 用木槌轻轻敲击活塞环卡箍边沿，使卡箍的下沿与缸体上平面完全贴合。

26 用木槌柄轻轻敲击活塞顶部，当活塞顶部刚进入汽缸时，停止敲击。

提示：

（1）用锤柄将活塞连杆组推入汽缸时，感觉有阻滞时，应当停止操作，检查活塞环卡箍是否未将活塞环收紧。若是，则应重新用活塞环卡箍来收紧活塞环；

（2）严禁使用金属器具将活塞推入汽缸，否则会对活塞造成损伤。

27 取下卡箍，观察活塞的顶部的标记方向。

提示：

观察活塞顶部标记是否朝向缸体正前方。

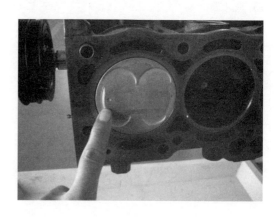

28 两人配合将连杆顺利落位到连杆轴颈上。

提示：

（1）一人用木槌继续轻轻敲击活塞顶部，一人用手托住连杆大头，防止大头螺栓碰撞曲轴或划伤曲轴轴颈；

（2）确认连杆轴承与连杆轴颈完全接触。

29 取下塑料保护套。

30 在连杆下轴承的轴瓦上涂抹适量润滑油,并用手涂抹均匀。

提示:

在下轴瓦处涂抹润滑油的主要目的,是改善发动机起动前配合副之间的润滑条件。

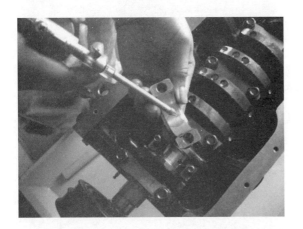

31 确认轴承盖上的凸点朝向皮带轮方向后,将连杆轴承盖套入连杆大头。

32 用手将连杆固定螺母旋上几扣。

33 选用14mm套筒、短接杆、棘轮扳手对连杆固定螺母进行紧固。

提示:

棘轮扳手旋紧螺栓时应到螺栓稍有吃力为止,避免用力过大导致棘轮损坏。

34 选用预调式扭力扳手拧紧连杆螺栓。

提示:

操作时可分两次交替拧紧螺母。拧紧力矩分别为15 N·m和29 N·m。

35 使用转角器,再将螺母旋转90°。

任务 21 安装活塞连杆组

36 转动皮带轮,检查曲轴的转动情况。

提示:

若转动较为沉重,则进行检查;若平顺,则继续下一步操作。

37 依次装入第四、第二和第三组活塞连杆组。

38 整理工具、工位。

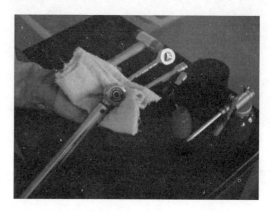

八 考核标准

考核标准表

考核时间	序号	考核项目	满分	评分标准	得分
30min	1	作业前整理工位	5分	酌情扣分	
	2	用柴油清洁各活塞环	1分	未操作全扣	
	3	用压缩空气吹净各活塞环上的柴油	1分	未操作全扣	
	4	用柴油清洁活塞、连杆总成	1分	未操作全扣	
	5	用压缩空气吹净活塞、连杆总成	1分	未操作全扣	
	6	用手安装油环弹簧	2分	未操作全扣	
	7	用手安装上、下上刮油环	2分	未操作全扣	
	8	将第二道与第一道气环装入活塞环槽内	2分	未操作全扣	
	9	将发动机平置	1分	未操作全扣	
	10	检查1缸的连杆轴颈是否处于下止点位置	1分	未操作全扣	
	11	用清洁布清洁汽缸和连杆轴颈	1分	未操作全扣	
	12	用清洁布清洁连杆轴颈	1分	未操作全扣	
	13	用压缩空气吹净汽缸	1分	未操作全扣	
	14	用压缩空气吹净连杆轴颈	1分	未操作全扣	
	15	在汽缸内加注润滑油	1分	未操作全扣	
	16	用手均匀涂抹润滑油	1分	未操作全扣	
	17	在连杆轴颈上加注润滑油	1分	未操作全扣	
	18	用手均匀涂抹润滑油	1分	未操作全扣	
	19	正确选择活塞组	2分	未操作全扣	
	20	向环槽内涂抹适量润滑油	1分	未操作全扣	
	21	用手旋转所有活塞环一周	2分	未操作全扣	
	22	用手调整各道活塞环端口位置	8分	酌情扣分,未操作全扣	

续上表

考核时间	序号	考核项目	满分	评分标准	得分
30min	23	在活塞裙部涂抹适量润滑油	1分	未操作全扣	
	24	在连杆上的轴承处涂抹适量润滑油	1分	未操作全扣	
	25	用手指将润滑油均匀地涂抹开	1分	未操作扣1分	
	26	给连杆螺栓加注润滑油	1分	未操作全扣	
	27	给连杆螺栓套上塑料保护套	4分	未操作扣1分	
	28	将活塞连杆组轻轻放入汽缸内	1分	酌情扣分，未操作全扣	
	29	清洁卡箍内表面	1分	未操作全扣	
	30	松卡箍并在卡箍内涂油	1分	未操作全扣	
	31	用手将卡箍内的机油均匀涂抹开	1分	未操作全扣	
	32	用活塞环卡箍将三道活塞环收紧	4分	未操作全扣	
	33	用木槌轻轻敲击活塞环卡箍边沿	1分	未操作全扣	
	34	用木槌柄轻轻敲击活塞顶部	1分	未操作全扣	
	35	取下卡箍，观察活塞的顶部的标记方向和连杆落位情况	4分	酌情扣分，未操作全扣	
	36	两人配合将连杆顺利落位到连杆轴颈上	3分	酌情扣分，未操作全扣	
	37	取下塑料保护套	4分	未操作全扣	
	38	在连杆下轴承的轴瓦上涂抹适量润滑油，并用手涂抹均匀	2分	酌情扣分，未操作全扣	
	39	确认轴承盖上的凸点朝向皮带轮方向后，将连杆轴承盖套入连杆大头	5分	酌情扣分，未操作全扣	
	40	用手将连杆固定螺母旋上几扣	2分	未操作全扣	
	41	选用14mm套筒、短接杆、棘轮扳手对连杆固定螺母进行紧固	4分	酌情扣分，未操作全扣	
	42	选用预调式扭力扳手拧紧连杆螺栓	5分	酌情扣分，未操作全扣	
	43	使用转角器，再将螺母旋转90°	5分	酌情扣分，未操作全扣	
	44	转动皮带轮，检查曲轴的转动情况	5分	酌情扣分，未操作全扣	
	45	清理工具，将工具放置原位	5分	酌情扣分，未操作全扣	
	46	遵守相关安全规范		因违规操作造成人身和设备事故的，总分按0分计	
分数合计			100分		

任务 21 安装活塞连杆组

任务22 安装润滑系统部件

一 任务说明

1 油封安装注意事项

油封是有方向要求的，安装时若将其装反了，就会造成漏油。装油封时乱敲乱打，会使油封产生变形。

安装后，油封内径若出现椭圆现象，与曲轴配合后会松紧不一致，配合松的地方易产生漏油。

安装时，若油封唇部没有涂抹润滑油，当与曲轴配合高速旋转时会产生摩擦而发出尖叫声。同时会产生高温，油封很快磨损而产生漏油现象。

为避免因安装方法不正确而造成的油封漏油，在安装油封时应做到以下几点：

（1）安装油封的座孔要清洁，有不平的地方要修整；

（2）油封的方向应安装正确；

（3）新换用的油封，应在油封与轴的配合面上涂上润滑油。

2 机油泵密封垫片的安装

机油泵密封垫片在安装之前必须换用新品。

3 安装机油集滤器

安装机油集滤器时，要防止有脏污和异物掉入机油泵进油口中，否则会损伤机油泵或堵塞油道。

4 安装油底壳

安装油底壳时应注意：把油底壳放到汽缸体上时，汽缸体上的定位销要和油底壳的定位孔对正，必要时可用橡胶锤轻轻敲击。禁止用金属器具敲击油底壳，以防止其受到损伤。

5 安装油底壳螺栓

安装油底壳螺栓是按照从中间到两端的顺序分三次拧紧，先用手将螺栓拧上几扣，直到手旋不动为止，然后选用棘轮扳手紧固，最后用预调式扭力扳手拧紧到规定力矩即可。

螺栓紧固完毕后，要按照从前往后或从后往前的顺序，检查一遍螺栓的紧固情况，防止螺栓有紧固遗漏现象和力矩不均匀情况。

二 技术标准与要求

（1）机油泵固定螺栓的标准拧紧力矩为22 N·m，后油封座固定螺栓的标准拧紧力矩为9.3 N·m。

（2）机油集滤器固定螺栓的标准拧紧力矩为9.3 N·m。

（3）油底壳固定螺栓的标准拧紧力矩为4.9 N·m。

三 实训时间 25min ★★☆

四 实训教学目标

（1）熟悉活塞连杆组的作用、各零部件的组成；

（2）掌握活塞连杆组的正确拆卸顺序和方法。

五 实训器材

机油壶

10mm套筒

12mm套筒

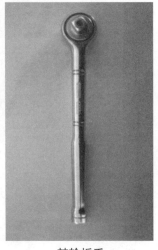
棘轮扳手

短接杆

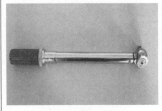
预调式扭力扳手

清洁布

六 教学组织

1 教学组织形式

本课程为"工艺化"实训课,实训教师1名,学生24名,实训室共有6个实训工位,按照4人1个工位编组。

2 学生的站位分工和要求

学生按规定的工位站立,按教师的指令同时进行独立操作。

3 实训教师职责

播放教学视频,并讲解实训任务的操作步骤和相关注意事项;下达"开始操作"口令;巡视、检查、指导和纠正学生操作中的错误;课堂总结;组织学生对实训室进行清洁、整理。

4 学生职责

认真观看教学视频;完成教师布置的任务;做好课后的清洁、整理工作。

七 操作步骤

第一步 安装机油泵、后油封座

 用手装上更换后的机油泵垫片。

提示:

安装之前,将机体上的定位销和垫片上的定位孔对正。

 用手将机油泵装到机体上。

提示:

安装之前,将机体上的定位销和机油泵上的定位孔对正。

3 用手将机油泵固定螺栓拧紧。

4 选用10mm套筒、棘轮扳手、接杆，拧紧机油泵固定螺栓。

5 选用10mm套筒、短接杆、预调扭力扳手，拧紧固定螺栓。

提示：

8A发动机机油泵固定螺栓的规定拧紧力矩为10N·m。

6 用手装上更换后的后油封座垫片。

7 在油封的唇部均匀涂抹一层薄薄的润滑油。

提示：

安装时油封唇部若没有涂抹润滑油，当与曲轴配合高速旋转时会产生摩擦而发出尖叫声；同时会产生高温，使油封因很快磨损而产生漏油现象。

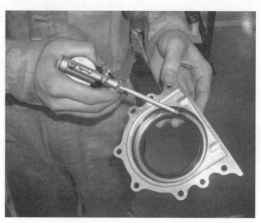

8 用手将机油泵装上机体。

提示：

安装之前，将机体上的定位销和油封座上的定位孔对正。

9 用手将后油封座固定螺栓拧紧。

10 选用10mm套筒、棘轮扳手、短接杆，拧紧后油封座固定螺栓。

11 选用10mm套筒、短接杆、预调扭力扳手，拧紧固定螺栓。

> 提示：
> 8A发动机后油封座固定螺栓的规定拧紧力矩为10N·m。

12 清理工具，将工具放置原位。

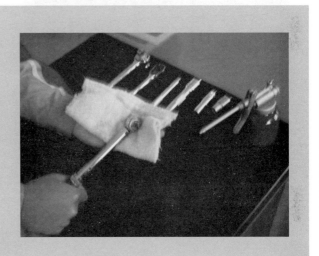

第二步 安装机油集滤器

1 更换机油集滤器垫圈并将其装上。

2 用手装上机油集滤器总成。

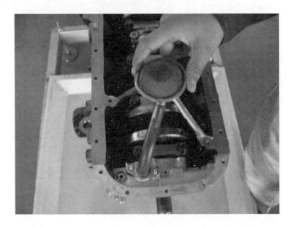

3 用手将机油集滤器固定螺栓拧上几扣。

4 选用10mm套筒、短接杆、棘轮扳手，拧紧机油集滤器固定螺栓及螺母。

5 选用10mm套筒、短接杆、棘轮扳手，拧紧机油集滤器固定螺栓及螺母。

 提示：

8A发动机机油集滤器的固定螺栓和螺母规定拧紧力矩为10N·m。

6 清理工具，将工具摆放到原位。

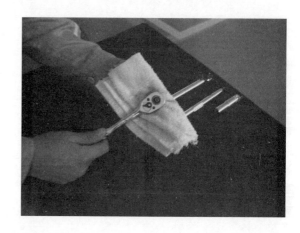

第三步　安装油底壳

1 取油底壳密封胶。

2 在一个切成$\phi=3\sim5$mm开口的喷管上均匀涂抹密封胶。

 提示：

（1）密封胶涂抹必须均匀，防止油底壳因密封不严而发生漏油现象；

（2）涂胶后必须在5min内组装。

3 油底壳落位。

4 将油底壳正确落位，并用木槌轻轻敲击。

提示：

用木槌柄敲击油底壳边缘，目的是使密封胶能够完全粘在机体和油底壳之间，起到密封作用。

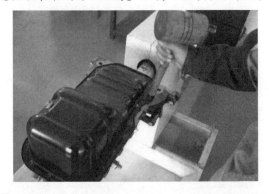

5 取油底壳固定螺栓，并将固定螺栓用手依次旋入几扣。

6 选用10mm套筒、短接杆、棘轮扳手，对螺母进行逐个拧紧。

提示：

安装油底壳固定螺栓的拧紧顺序为：从中间到两边的顺序，如下图所示。

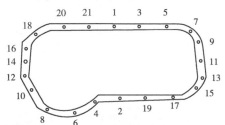

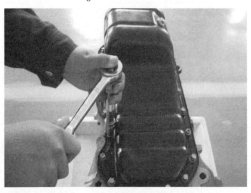

7 选用10mm套筒、短接杆、预调式扭力扳手，按规定顺序及规定力矩拧紧油底壳固定螺栓。

提示：

油底壳螺栓的拧紧力矩为10N·m。紧固完毕后应再次逐个复检一次紧固力矩。

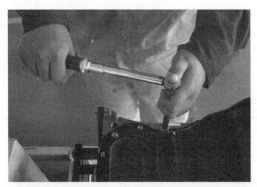

8 清理工具，将工具放置原位。

八 考核标准

考 核 标 准 表

考核时间	序号	考 核 项 目	满分	评 分 标 准	得分
20min	1	作业前整理工位	5分	酌情扣分	
	2	用手装上更换后的机油泵垫片	3分	未操作全扣	
	3	用手将机油泵装上机体	3分	未操作全扣	
	4	用手将机油泵固定螺栓拧紧	3分	未操作全扣	
	5	选用10mm套筒、棘轮扳手、接杆,拧紧机油泵固定螺栓	4分	酌情扣分,未操作全扣	
	6	选用10mm套筒、短接杆、预调扭力扳手,拧紧固定螺栓	4分	酌情扣分,未操作全扣	
	7	用手装上更换后的后油封座垫片	3分	未操作全扣	
	8	在油封的唇部均匀涂抹一层薄薄的润滑油	3分	未操作全扣	
	9	用手将机油泵装上机体	3分	未操作全扣	
	10	用手将后油封座固定螺栓拧紧	3分	未操作全扣	
	11	选用10mm套筒、棘轮扳手、短接杆,拧紧后油封座固定螺栓	4分	酌情扣分,未操作全扣	
	12	选用10mm套筒、短接杆、预调扭力扳手,拧紧螺栓	4分	酌情扣分,未操作全扣	
	13	更换机油集滤器垫圈并将其装上	4分	酌情扣分,未操作全扣	
	14	用手装上机油集滤器总成	3分	未操作全扣	
	15	用手将机油集滤器固定螺栓拧上几扣	3分	未操作全扣	
	16	选用10mm套筒、短接杆、棘轮扳手,拧紧机油集滤器固定螺栓及螺母	4分	酌情扣分,未操作全扣	
	17	选用10mm套筒、短接杆、棘轮扳手,将机油集滤器固定螺栓及螺母按规定力矩拧紧	4分	酌情扣分,未操作全扣	
	18	取油底壳密封胶	1分	未操作全扣	
	19	均匀涂抹密封胶	3分	未操作全扣	
	20	油底壳落位	3分	未操作全扣	
	21	将油底壳正确落位,并用木槌轻轻敲击	4分	未操作全扣	
	22	取油底壳固定螺栓,并将固定螺栓用手依次旋入几扣	4分	未操作全扣	
	23	选用10mm套筒、短接杆、棘轮扳手,对螺母进行逐个拧紧	10分	酌情扣分,未操作全扣	
	24	选用10mm套筒、短接杆、预调式扭力扳手,按规定顺序及规定力矩拧紧油底壳固定螺栓	10分	酌情扣分,未操作全扣	
	25	清理工具,将工具放置原位	5分	酌情扣分	
	26	遵守相关安全规范		因违规操作造成人身和设备事故的,总分按0分计	
		分数合计	100分		

任务 23　安装配气机构（一）

一　任务说明

❶ 汽缸盖和气门组件的清洗和清洁

对汽缸盖和气门组件进行清洗和清洁时，一般用柴油或汽油对其进行清洗，清洗时要特别注意对油道的清洗。清洗完毕后应用压缩空气将汽缸盖和气门组件吹净，最后将这些零部件放置在干净的容器中，等待下一步的安装。

❷ 安装气门

安装气门之前，首先确认自制的识别标记，在零件车上按照拆卸时的顺序摆放，防止出现安装错乱。如果气门安装错乱，将会破坏气门锥面与气门座的配合状态，引起汽缸漏气、压力降低、发动机起动困难，甚至难以起动以及起动时回火和放炮等故障。

安装气门时，要在气门杆部涂抹适量润滑油，起润滑气门、导管和油封的作用。

使用气门拆装钳安装气门组件，安全省力。注意：弹簧锁片一定要安装到位，锁止可靠。否则，当发动机运转时，气门脱落，会撞坏活塞、燃烧室、汽缸壁等，引发严重的机械事故。因此，气门组件安装完毕后，要求使用铜棒轻敲气门杆尾部端面，确保弹簧与弹簧座、弹簧座与锁片、锁片与气门杆的卡槽之间全部落座贴合，并锁止可靠。

❸ 安装液压挺柱

安装液压挺柱之前，要进行检查，检查液压挺柱调整垫片的厚度，如果厚度小于标准应更换，否则发动机起动后容易造成进、排气不均匀，进而影响工作性能。另外，对液压挺柱要进行清洗和润滑，主要是为了加强液压挺柱壁与承孔壁间的密封，减少发动机起动初期因两者之间的间隙造成的油液泄漏，保证液压挺柱的正常工作。

安装液压挺柱时，要保持拆卸时的原位置不变，不要随意安装，因为各个挺柱与其座孔间的磨损程度不同，变换装配位置后，可能会造成个别液压挺柱工作状况变差，发动机运转时气门会产生噪声。

二　技术标准与要求

（1）安装气门时，要求确认进、排气门的安装位置；
（2）气门拆装钳工具的正确使用；
（3）安装液压挺柱时注意数字记号和安装位置；
（4）气门组件安装完毕后的检查。

三　实训时间　50min

四　实训教学目标

（1）汽缸盖和气门组件的正确清洗；
（2）气门的安装步骤以及操作注意事项；
（3）液压挺柱的安装步骤以及操作注意事项；
（4）安装气门组件时的安全注意事项；
（5）依据5S（5S的含义：整理、整顿、清洁、清扫、自律）管理的要求，培养学生安全、规范的操作习惯。

五 实训器材

羊毛刷

气枪

润滑油壶

气门油封安装专用工具

气门拆装钳

尖嘴钳

清洁布

六 教学组织

1 教学组织形式

本课程为"工艺化"实训课，实训教师1名，学生24名，实训室共有6个实训工位，按照4人1个工位编组。

2 学生的站位分工和要求

学生按规定的工位站立，按教师的指令同时进行独立操作。

3 实训教师职责

播放教学视频，并讲解实训任务的操作步骤和相关注意事项；下达"开始操作"口令；巡视、检查、指导和纠正学生操作中的错误；课堂总结；组织学生对实训室进行清洁、整理。

4 学生职责

认真观看教学视频；完成教师布置的任务；做好课后的清洁、整理工作。

七 操作步骤

第一步 汽缸盖的清洗与清洁

1 准备油盆、柴油和毛刷。

提示：
检查清洗工具是否齐全。

2 将汽缸盖放入柴油盆后，用毛刷对汽缸盖进行清洗。

提示：
清洗时注意将汽缸盖上所有通道孔清洗干净。

3 将清洗后的汽缸盖放置到干净的木块上。

（1）木块要清洁干净；
（2）汽缸盖要平稳放置。

4 用压缩空气吹净汽缸盖。

提示：

用压缩空气吹汽缸盖时，包括进气歧管、排气歧管、汽缸盖上平面和底面都要吹一下，特别是各处的通道还要用高压气枪进行吹通。

5 用干净的清洁布清洁汽缸盖表面。

用高压空气吹通后应及时用干净的清洁布进行清洁。

6 将清洁后的汽缸盖放置到木块上。

将清洁后的汽缸盖平稳地放置在木块上。

🌲 第二步　气门组件的清洗与清洁

1 准备柴油清洗器、毛刷、干净的容器盆。

检查清洗的工具是否齐全。

2 用柴油清洗气门组件。

（1）将气门组各件（气门弹簧、气门弹簧座、气门、气门弹簧垫片、气门锁片）清洗干净；
（2）若气门组件的工作表面黏有灰尘等脏物，当将其安装完毕后，容易造成配气机构工作异常。

165

3 用压缩空气清洁气门组件。

提示：

（1）用高压空气将气门组各件（气门弹簧、气门弹簧座、气门、气门弹簧垫片、气门锁片）吹干净；

（2）禁止将压缩空气吹向人体，特别是眼睛。

4 将清洁后的气门组件放置到干净的容器中。

提示：

将清洁后的气门组件进行有序地放置。

第三步　液压挺柱的清洗与清洁

1 准备柴油清洗器、毛刷、干净的容器盆。

提示：

检查清洗工具是否齐全。

2 用柴油清洗液压挺柱。

提示：

若液压挺柱表面粘有灰尘等杂质，容易造成液压挺柱安装困难。

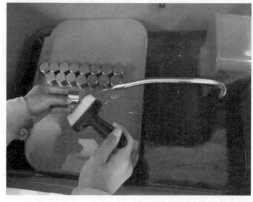

3 用压缩空气吹净液压挺柱。

提示：

禁止将压缩空气吹向人体，特别是眼睛。

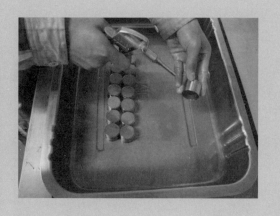

4 将清洁后的液压挺柱放置到干净的容器中。

提示：

将清洁后的液压挺柱有序放置。

🌲 第四步 安装进、排气门组件

1 将气门油封安装到气门油封安装专用工具上。

提示：

（1）选用新的气门油封，检查气门油封是否完好；
（2）在气门油封上涂抹少许润滑油。

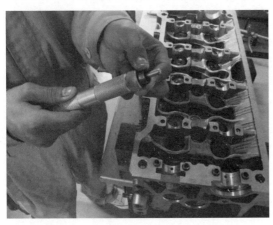

2 用专用工具将气门油封安装到气门导管上。

提示：

（1）专用工具必须对准气门导管垂直安装；
（2）安装完毕后立即取出专用工具。

3 检查气门油封是否安装到位。

提示：

气门油封如果安装不到位，应重新安装。

4 安装气门弹簧垫片。

提示：

检查气门弹簧垫片是否安装到位，如果安装不到位则将其调整到位。

5 用机油枪润滑气门杆处。

 提示:

在安装进、排气门前,在气门杆部涂上适量润滑油,并用手将润滑油均匀地涂抹在气门杆四周。注意:进、排气门不要装错。

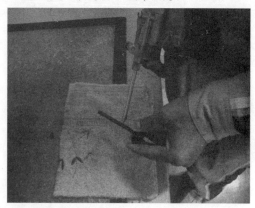

6 两手配合安装气门。

 提示:

在安装气门时,动作要慢,并且边旋转边装入。

7 安装气门弹簧。

 提示:

清洁后用手安装气门弹簧,并用手下压检查其是否安装到位。

8 安装气门弹簧座圈。

 提示:

清洁后用手安装气门弹簧座圈,并检查其是否安装到位。

9 调整气门拆装钳。

 提示:

将气门拆装钳的位置调整到位。

10 放松并调整气门拆装钳的位置,依次对各缸进、排气门用气门拆装钳将气门弹簧压紧。

 提示:

压紧气门弹簧时,要对准部位,用力要适当,直到看到气门杆部的凹槽口出现即可。

给气门锁片加注润滑油。

提示：

在气门锁片上涂1~2滴润滑油，以便安装。

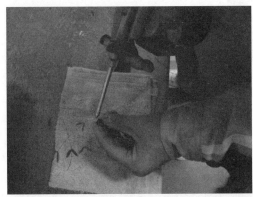

 钳放松，气门组安装完毕。如果气门组没有安装到位，应重新安装，直至安装正确为止。

提示：

（1）此操作为关键步骤，操作时要小心，气门锁片较小，掉落后很难找到；

（2）位置安装不到位时会造成锁片碎裂。

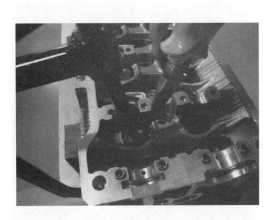

 用尖嘴钳安装气门锁片。当两片气门锁片的位置刚好在气门杆尾部的凹槽口时，将气门拆装

 放松气门拆装钳。

提示：

放松气门拆装钳，并将其取下。

▲ 第五步　安装液压挺柱

1 选用机油枪，在液压挺柱顶部滴上2~3滴润滑油。

提示：

将润滑油均匀地涂抹在液压挺柱表面上。

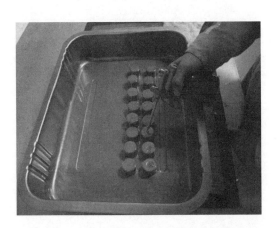

2 取来液压挺柱，用手将润滑油均匀地涂抹到液压挺柱表面上。

提示：

（1）双手必须清洗干净；

（2）将润滑油均匀涂抹。

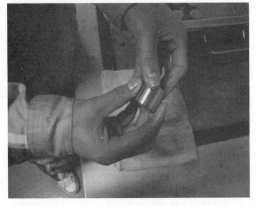

任务 23　安装配气机构（一）

3 根据拆卸时做的记号，依照顺序用手将液压挺柱安装到位。

提示：
安装过程中必须旋转装入。如果发现安装不正确，应该及时将其取出，检查后再次进行安装。

4 工具清洁：安装工作完毕后，应用干净的抹布对工具进行清洁，特别是工具的头部、手柄处等。

提示：
清洁工具的头部以及手柄处。

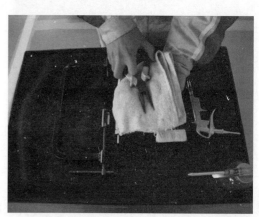

5 工具放置：将清洁完毕后的工具放置在零件车的规定位置。

提示：
工具要整齐摆放，还要检查工具是否齐全。

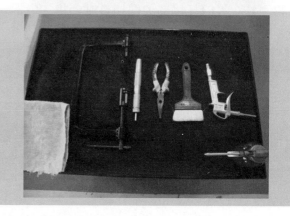

八 考核标准

考 核 标 准 表

考核时间	序号	考 核 项 目	满分	评分标准	得分
50min	1	着装规范	3分	酌情扣分	
	2	作业前整理工位	3分	酌情扣分	
	3	检查安装工具是否齐全	3分	检查不到位扣3分	
	4	检查气门组件和汽缸盖是否完好	3分	检查不到位扣3分	
	5	用柴油清洗汽缸盖	4分	操作不当扣2分	
	6	用压缩空气吹净汽缸盖上的柴油	4分	操作不当扣2分	
	7	用柴油清洗汽缸盖气门组件	4分	操作不当扣2分	
	8	用压缩空气吹净气门组件上的柴油	4分	操作不当扣2分	
	9	用柴油清洗液压挺柱	2分	操作不当扣2分	
	10	用压缩空气吹净液压挺柱上的柴油	2分	操作不当扣2分	
	11	正确选择气门油封安装工具	2分	工具选取不当扣2分	
	12	安装气门油封	4分	操作不当扣4分	
	13	用机油枪喷出的润滑油润滑气门杆部，并将润滑油涂抹均匀	2分	操作不当扣2分	
	14	安装气门弹簧调整垫片	4分	操作不当扣4分	
	15	安装气门弹簧	4分	操作不当扣4分	
	16	安装气门弹簧座	4分	操作不当扣4分	

续上表

考核时间	序号	考核项目	满分	评分标准	得分
50min	17	正确选择气门安装工具	2分	工具选取不当扣2分	
	18	调整气门拆装钳安装位置	2分	操作不当扣2分	
	19	用气门拆装钳压紧气门组件	6分	操作不当扣6分	
	20	润滑气门锁片	4分	操作不当扣4分	
	21	安装气门锁片	4分	操作不当扣4分	
	22	检查气门锁片安装是否到位	4分	检查不到位扣4分	
	23	放松气门拆装钳	2分	操作不当扣2分	
	24	检查气门组件安装是否到位	2分	检查不到位扣2分	
	25	在液压挺柱上加注适量润滑油	2分	操作不当扣2分	
	26	用手将液压挺柱上的润滑油均匀地涂抹开	2分	操作不当扣2分	
	27	用手安装液压挺住	8分	操作不当扣8分	
	28	清洁整理工具	2分	未清洁整理扣2分	
	29	整理工作台	2分	未整理扣2分	
	30	安全操作	6分	跌落零件扣2分/次；损坏工具扣2分/次；扣完为止	
	31	其他		每超时1min扣2分，超时5min终止考试	
	32	遵守相关安全规范		因违规操作造成人身和设备事故的，总分按0分计	
分数合计			100分		

任务 23 安装配气机构（一）

任务 24　安装配气机构（二）

一　任务说明

1 安装汽缸垫

安装汽缸垫时，要注意以下几个方面的问题。

（1）汽缸垫的定位。一般在汽缸垫上有定位孔，定位孔呈对角方向布置，该孔略大于其他螺栓孔。在汽缸体上有与之相对应的定位销。定位销与定位孔要正确配合。丰田8A发动机的两个定位销在同一侧，安装时要将汽缸盖上的定位孔对准定位销的位置。安装完成后要用双手将其摇晃一下，检查是否安装到位。

（2）汽缸垫的类型。金属—石棉垫，不可重复使用；金属骨架石棉垫，只能一次性使用；纯金属垫，仅用于强化发动机。丰田8A发动机的汽缸垫属于金属骨架石棉垫，只能一次性使用。

（3）汽缸垫的安装方向。有指示标记如"OPEN""TOP""ON"的一面应朝向汽缸盖；无指示标记的，卷边应朝向汽缸体或汽缸盖硬金属一侧。汽缸垫安放到汽缸体上之后，要注意观察汽缸体的水道、油道、燃烧室边缘是否被汽缸垫遮挡，发现有遮挡要变换汽缸垫的安放方向，确保水道、油道畅通，燃烧室边缘与活塞无运动干涉。

（4）将汽缸垫安放到缸体上之后，注意检查汽缸垫与汽缸体的油道、水道孔以及燃烧室边缘是否对齐。

2 安装汽缸盖

安装汽缸盖时，要把汽缸盖端平，以便于汽缸盖上的定位孔与汽缸体上的定位销对正。如两者不能准确装合，要轻轻地前后拉动汽缸盖或先插入一只汽缸盖螺栓来确定调整方向，便可轻松装合。安装丰田8A发动机汽缸盖时，主要注意不要弄错汽缸盖的安装方向，在安装时要轻轻前后拉动来找准定位孔和定位销的位置。安装完成后用手前后轻轻晃动汽缸盖，以检查其是否安装到位。安装汽缸盖螺栓前，在汽缸盖螺栓的螺纹和螺栓头处应涂抹适量润滑油。

安装汽缸盖螺栓时，需对汽缸盖螺栓进行润滑，即在汽缸盖螺栓的螺纹和螺栓头处涂抹适量润滑油。汽缸盖螺栓的拧紧顺序与拆卸顺序相反，拧紧顺序如图24-1所示。这样操作可以避免汽缸盖在装配过程中发生翘曲变形。在安装汽缸盖的过程中要严格遵守这一操作规定。

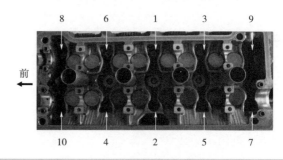

图24-1　汽缸盖螺栓安装顺序示意图

二　技术标准与要求

（1）发动机大修时必须更换新的汽缸垫；

（2）丰田8A发动机汽缸盖螺栓拧紧标准：规定拧紧力矩29N·m。拧紧后再顺时针方向将螺栓转过180°；

（3）丰田8A发动机的汽缸盖螺栓标准长度：A型全长90mm；B型全长108mm；

（4）丰田8A发动机的汽缸盖螺栓规格：M10。

三　实训时间

  40min ★★★★

四 实训教学目标

（1）了解汽缸垫的正确安装及安装注意事项；
（2）了解正确安装汽缸盖螺栓的重要性和必要性；
（3）掌握扭力扳手、转角扳手、套筒等汽车维修通用工具的正确选用及使用方法；
（4）掌握汽缸盖螺栓安装的技术标准，并能按技术标准熟练安装汽缸盖螺栓；
（5）能对汽缸盖螺栓损坏原因进行判断和分析；
（6）依据5S（5S的含义：整理、整顿、清洁、清扫、自律）管理的要求，培养学生安全、规范的操作习惯。

五 实训器材

10mm套筒

短接杆

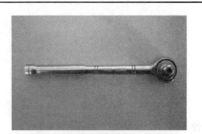
棘轮扳手

指针式扭力扳手

预调式扭力扳手

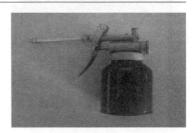
润滑油壶

红色油漆

清洁布

六 教学组织

❶ 教学组织形式

本课程为"工艺化"实训课，实训教师1名，学生24名，实训室共有6个实训工位，按照4人1个工位编组。

❷ 学生的站位分工和要求

学生按规定的工位站立，按教师的指令同时进行独立操作。

❸ 实训教师职责

播放教学视频，并讲解实训任务的操作步骤和相关注意事项；下达"开始操作"口令；巡视、检查、指导和纠正学生操作中的错误；课堂总结；组织学生对实训室进行清洁、整理。

❹ 学生职责

认真观看教学视频；完成教师布置的任务；做好课后的清洁、整理工作。

七、操作步骤

第一步 安装汽缸垫

1 选用干净清洁布清洁汽缸体平面，检查汽缸体各油道、水道及螺栓孔是否清洁，有无脏物。

提示：

在使用清洁布清洁时，注意不要将脏物弄到汽缸体内，否则容易造成发动机的损伤。

2 检查汽缸体上两个定位销的位置。

提示：

用手转动定位销，检查定位销是否安装到位。如定位销损坏，应及时更换。

3 更换并且安装汽缸垫，注意有"8A"字样一面朝上，不要装反。

提示：

（1）大修时，一般要更换新的汽缸垫；
（2）汽缸垫在安装之前，应对其进行清洁。

提示：

（1）汽缸盖有"8A"数字的一面朝上；
（2）汽缸垫上的"火边朝下，小边朝上"。

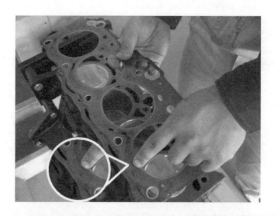

4 安装汽缸垫。汽缸垫安装完毕后，应检查各油道孔和水道孔是否对准，位置是否安装正确。

提示：

（1）汽缸体上的定位销位置必须对准；
（2）检查各通道孔是否对齐。

第二步 安装汽缸盖

1 从工作台上取来汽缸盖。

提示:
（1）取汽缸盖时，注意手不能放到汽缸盖下面，并且人要面朝汽缸盖；
（2）注意汽缸盖安装时的位置摆放。

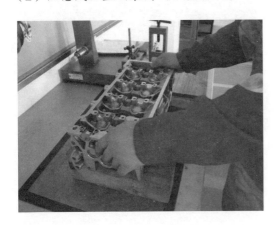

2 用双手将汽缸盖平稳地放置到汽缸体上面。安装汽缸盖时，定位销的位置必须对准。

提示:
（1）将汽缸盖对准汽缸体的位置；
（2）汽缸盖安装方向不能搞错。

3 安装汽缸盖时，先定位左边定位销的位置，再定位右边定位销的位置，直到汽缸盖跟汽缸体完整结合。

提示:
（1）汽缸盖对准定位销后，注意不要滑动，以免定位销损伤汽缸盖底面；
（2）用眼睛检查汽缸盖左侧与汽缸体的定位销是否对准，进而将其安装到位。

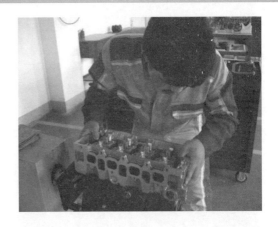

提示:
用眼睛检查汽缸盖右侧与汽缸体的定位销是否对准，进而将其安装到位。

4 汽缸盖安装完毕后用双手左右晃动一下，检查其安装是否到位，并且用眼睛观察结合部位是否到位。

提示:
检查是否安装到位。

5 安装汽缸盖垫圈和螺栓。注意：在汽缸盖螺栓的螺纹和螺栓头下部的接合平面应涂一薄层机油，并将机油均匀地涂抹开。

发动机大修时，汽缸盖垫圈和螺栓都应换用新品。

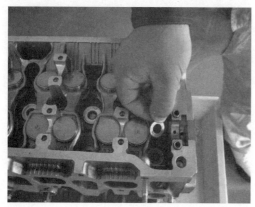

（1）测量螺栓的长度，长度符合标准后再进行安装；
（2）用机油枪对汽缸盖螺栓的螺纹和螺栓头部进行润滑。

用双手将汽缸盖螺栓上的润滑油均匀地涂抹到螺栓螺纹处。

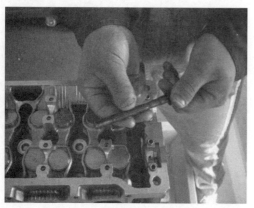

将汽缸盖螺栓安装到位。

6 根据汽缸盖螺栓的安装顺序（如下图所示）拧紧螺栓。汽缸盖螺栓的规定拧紧力矩为29 N·m+90°+90°。

螺栓的拧紧力矩由维修手册提供。

7 选用10mm套筒、短接杆，用工具根据安装顺序从中间至两侧分2~3次进行拧紧。

要求分2~3次拧紧，这样能防止汽缸盖变形。

选用10mm套筒、短接杆、棘轮扳手,用工具再次拧紧汽缸盖螺栓。

提示:

将棘轮扳手调整到拧紧位置,如果汽缸盖螺栓还未拧紧,可以用棘轮扳手再进一步紧固。

9 选用10mm套筒、短接杆、预调式扭力扳手,用工具将汽缸盖螺栓拧紧,第一次拧紧力矩为15N·m。

提示:

(1)检查第一次拧紧力矩是否为15N·m;
(2)分几次拧紧能够防止汽缸盖发生变形。

 用工具将汽缸盖螺栓第二次拧紧到力矩为29N·m。

提示:

检查第二次拧紧力矩是否为29N·m。

 选用红色油漆记号笔在汽缸盖螺栓上添上油漆标记。

提示:

检查是否有红色油漆。

 将油漆标记标注在10个汽缸盖螺栓上。

提示:

注意不要将油漆滴到汽缸盖其他地方,如果有的话,应及时清洁干净。

 检查汽缸盖螺栓的油漆标记。

提示:

检查汽缸盖螺栓标记是否清晰。

14 选用10mm套筒、短接杆、指针式扭力扳手，第一次按照规定顺序将所有汽缸盖螺栓顺时针转动90°。

提示：

螺栓拧紧后应检查油漆标记。

15 检查油漆标记是否转过90°。

提示：

如果发现油漆标记没到位，再用扭力扳手将螺栓拧紧到规定位置。

16 第二次按照规定顺序将所有汽缸盖螺栓顺时针再转动90°。

提示：

拧紧后，应检查油漆标记。

17 检查油漆标记是否到位。

提示：

如果发现油漆标记没到位，再用扭力扳手将螺栓拧紧到规定位置。

18 用干净的清洁布清洁油漆标记。

提示：

用清洁布将所有的油漆标记擦干净。

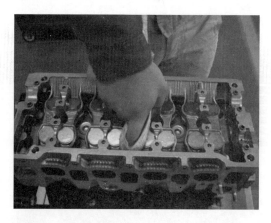

19 清洁、整理工具。

提示：

工具要清洁、整齐地摆放在工具车上。

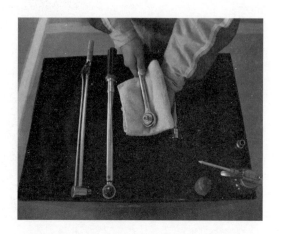

八 考核标准

考 核 标 准 表

考核时间	序号	考 核 项 目	满分	评分标准	得分
40min	1	着装规范	3分	酌情扣分	
	2	作业前整理工位	3分	酌情扣分	
	3	检查安装工具是否齐全	3分	检查不到位扣3分	
	4	清洁汽缸体上平面	3分	清洁不到位扣3分	
	5	检查定位销的位置	3分	检查不到位扣3分	
	6	清洁汽缸垫	4分	清洁不到位扣4分	
	7	正确安装汽缸垫	4分	操作不当扣4分	
	8	检查汽缸垫是否安装正确	4分	检查不到位扣4分	
	9	正确安装汽缸盖	6分	操作不当扣6分	
	10	检查汽缸盖是否安装正确	4分	检查不到位扣4分	
	11	安装汽缸盖螺栓垫片	4分	操作不当扣4分	
	12	汽缸盖螺栓的润滑	4分	操作不当扣4分	
	13	用手将汽缸盖螺栓上机油均匀地涂抹开	4分	操作不当扣4分	
	14	安装汽缸盖螺栓	4分	操作不当扣4分	
	15	正确选用汽缸盖螺栓安装工具	2分	工具选取不当扣2分	
	16	用工具将汽缸盖螺栓按照规定顺序拧紧	8分	操作不当扣8分	
	17	第一次拧紧力矩15N·m	4分	操作不当扣4分	
	18	第二次拧紧力矩29N·m	4分	操作不当扣4分	
	19	做汽缸盖螺栓的油漆标记	4分	操作不当扣4分	
	20	第一次转过90°，并检查标记	6分	操作不当扣6分	
	21	第二次再转过90°，再次检查标记	6分	操作不当扣6分	
	22	清洁汽缸盖螺栓上的油漆标记	3分	未清洁扣3分	
	23	清洁整理工具	2分	未清洁整理扣2分	
	24	整理工作台	2分	未整理扣2分	
	25	安全操作	6分	跌落零件扣2分/次；损坏量具扣2分/次；扣完为止	
	26	其他		每超时1min扣2分，超时5min终止考试	
	27	遵守相关安全规范		因违规操作造成人身和设备事故的，总分按0分计	
分数合计			100分		

任务25 安装配气机构（三）

一 任务说明

安装进、排气凸轮轴。由于凸轮轴的推力间隙很小，所以凸轮轴必须保持水平装入。如果凸轮轴不能保持水平，汽缸盖因承受轴的推力可能会开裂或损坏，造成凸轮轴变形或断裂。为避免此现象发生，必须执行下述步骤。

1 安装排气凸轮轴

在排气凸轮轴的止推位置涂MP黄油。放置排气凸轮轴，使定位销定位在凸轮轴的垂直中心线偏右的位置。提示：上述角度允许排气凸轮轴的1、3号汽缸凸轮桃心同时顶到它们的气门挺柱。再用活动扳手将排气凸轮轴的定位销置于汽缸盖顶部稍微偏上的位置，使安装记号朝上。安放凸轮轴轴承盖时，要确认安装前自制的或自带的标记，以免错乱。如果轴承盖安装错乱，将会影响凸轮轴的轴颈和轴承正常的配合状态，转动凸轮轴时会感觉沉重，甚至卡滞。凸轮轴的固定螺栓较多，一定要按照规定的力矩拧紧。否则，容易导致凸轮轴变形或损伤。把轴承盖的螺栓紧固到规定力矩之后，再按照从前往后或从后往前的顺序检查一遍，可以有效防止螺栓的紧固遗漏和力矩的不均匀，这一点对于固定螺栓较多的零部件来讲尤其重要，而且也是实际维修中最容易忽略的一点。

2 安装进气凸轮轴

在进气凸轮轴的推力位置涂MP黄油。放置进气凸轮轴，匹配每个齿轮的安装标记，让进气凸轮轴齿轮啮入排气凸轮轴齿轮。注意在每个齿轮上也有正时标记（用于TDC），但不要使用这些标记。沿着两个齿轮的啮合位置向下滚动进气凸轮轴，使其落在轴承轴颈上。提示：上述角度允许进气凸轮轴的1、3号汽缸凸轮桃心同时顶到它们的气门挺柱。进气凸轮安装完后，注意检查螺栓紧固是否到位。

二 技术标准与要求

（1）清洗并清洁进、排气凸轮轴及其轴承盖；

（2）凸轮轴轴承盖上的"←"（箭头）方向标记必须朝向皮带轮这一侧；

（3）进、排气凸轮轴轴承盖螺栓的规定拧紧力矩为13N·m；

（4）安装进、排气凸轮轴时，注意安装记号和正时记号要对准。

三 实训时间 40min

四 实训教学目标

（1）了解正确安装进、排气凸轮轴的重要性和必要性；

（2）掌握扭力扳手、棘轮扳手、套筒等汽车维修通用工具的正确选用及使用方法；

（3）掌握进、排气凸轮轴轴承盖螺栓安装的技术标准，并能按技术标准熟练安装凸轮轴；

（4）掌握进、排气凸轮轴安装时的操作要点：注意安装记号和正时记号要对准；

（5）依据5S（5S的含义：整理、整顿、清洁、清扫、自律）管理的要求，培养学生安全、规范的操作习惯。

五 实训器材

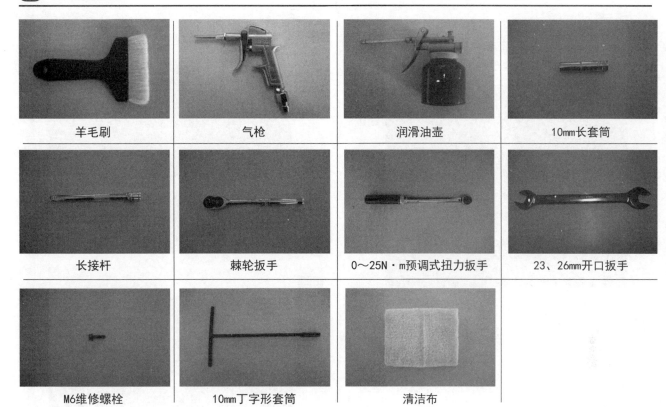

羊毛刷	气枪	润滑油壶	10mm长套筒
长接杆	棘轮扳手	0～25N·m预调式扭力扳手	23、26mm开口扳手
M6维修螺栓	10mm丁字形套筒	清洁布	

六 教学组织

1 教学组织形式

本课程为"工艺化"实训课，实训教师1名，学生24名，实训室共有6个实训工位，按照4人1个工位编组。

2 学生的站位分工和要求

学生按规定的工位站立，按教师的指令同时进行独立操作。

3 实训教师职责

播放教学视频，并讲解实训任务的操作步骤和相关注意事项；下达"开始操作"口令；巡视、检查、指导和纠正学生操作中的错误；课堂总结；组织学生对实训室进行清洁、整理。

4 学生职责

认真观看教学视频；完成教师布置的任务；做好课后的清洁、整理工作。

七 操作步骤

♣ 第一步 进、排气凸轮轴及其轴承盖的清洗和清洁

 准备柴油清洗器、毛刷、干净的容器。

提示：

检查清洗工具是否齐全。

任务 25 安装配气机构（三）

2 用柴油清洗凸轮轴轴承盖及其螺栓。

提示：

若凸轮轴轴承盖工作表面黏有灰尘等脏物，安装完凸轮轴后，会损伤凸轮轴轴颈。

3 用压缩空气吹净轴承盖及其螺栓。

提示：

禁止将压缩空气吹向人体，特别是眼睛。

4 将清洁后的轴承盖及其螺栓放置到干净的容器中。

提示：

将吹净后的轴承盖有序放置。

5 准备进、排气凸轮轴。

提示：

清洗工具，检查工具是否齐全。

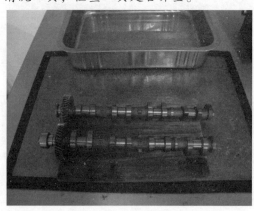

6 用柴油清洗进、排气凸轮轴。

提示：

若凸轮轴的轴颈上黏有灰尘等脏物，安装完凸轮轴后，会划伤凸轮轴轴颈。

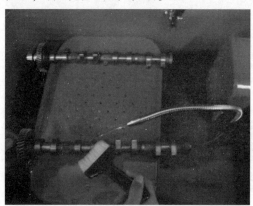

7 用压缩空气清洁凸轮轴。

提示：

（1）用压缩空气吹凸轮轴时，注意防止油液飞溅；

（2）禁止将压缩空气吹向人体，特别是眼睛。

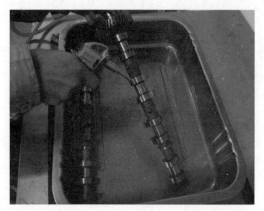

8 将清洁后的凸轮轴放置到干净的容器中。

提示：

将吹净后的凸轮轴有序放置。

第二步 排气凸轮轴（主凸轮轴）的安装

1 清洁汽缸盖上的凸轮轴轴承座。

提示：

用干净的清洁布清洁到位。

2 用机油枪在汽缸盖的凸轮轴轴承座上涂上一层润滑油。

提示：

（1）注意机油枪枪头不要碰到汽缸盖上；

（2）加注润滑油后，用手将润滑油均匀地涂抹开。

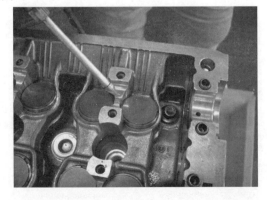

3 用双手将排气凸轮轴平稳地放置在凸轮轴轴座上。

提示：

安装排气凸轮轴时，安装位置要对准，方向不要搞错，要注意安装记号。

4 转动排气凸轮轴使其定位销位置处在垂直中心线偏右的位置。

提示：

排气凸轮轴放置完毕时，允许1、3号汽缸凸轮桃心同时顶到它们的气门挺柱。

5 用机油枪在轴承盖螺栓的螺纹和螺栓头下部涂一薄层润滑油。

提示:

（1）注意轴承盖上箭头的"←"方向必须朝向皮带轮这一侧；

（2）注意润滑油不要滴到地上。

提示:

在轴承盖螺栓上加注润滑油并用手均匀涂抹。

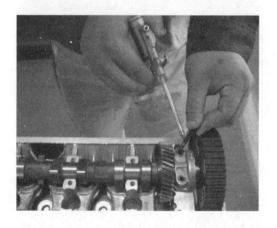

8 选用10mm套筒、短接杆、预调式扭力扳手，用工具按照从中间往两边的顺序将五道轴承盖螺栓均匀地拧紧，拧紧力矩为13N·m。

提示:

拧紧过程中五道轴承盖要均匀受力，不发生变形。

6 安装完剩余轴承盖后，检查轴承盖安装标记是否正确。箭头的"←"方向必须朝向皮带轮这一侧。

提示:

检查轴承盖箭头方向是否对齐。

7 选用10mm套筒、短接杆、棘轮扳手，用工具拧紧排气凸轮轴轴承盖螺栓。

提示:

按照从中间往两边的顺序分2~3次将五道轴承盖螺栓均匀地拧紧，主要是保证安装凸轮轴时，凸轮轴不发生变形。

♠ 第三步　进气凸轮轴（副凸轮轴）的安装

 选用26mm开口扳手，用其定位主凸轮轴，以便定位销位于汽缸盖上平面稍微偏上的位置。

提示：
检查定位销位置是否对齐。

 用机油枪在汽缸盖轴承座上涂上一层润滑油，并用手将润滑油涂抹均匀。

提示：
检查润滑是否到位。

 用双手安装进气凸轮轴。

提示：
检查安装是否到位。

 对准进气凸轮轴和排气凸轮轴安装标记。

提示：
检查安装标记是否对准。

 清洁轴承盖，添加润滑油后进行安装。

提示：
在轴承盖螺栓的螺纹上和螺栓头下部涂一薄层润滑油，将4个轴承盖安装在各自的位置上。

 检查轴承盖上的安装标记。

提示：
进气凸轮轴轴承盖上的箭头"←"方向标记必须朝向皮带轮一侧。

7 在轴承盖螺栓上滴上几滴润滑油，并用手涂抹均匀。

提示：
（1）对轴承盖螺栓的螺纹处进行润滑；
（2）润滑油不要滴到地上。

8 选用10mm套筒、短接杆、棘轮扳手，用工具拧紧进气凸轮轴轴承盖螺栓。

提示：
用工具根据安装顺序从中间至两侧分2~3次均匀拧紧，将凸轮轴缓慢平稳地压紧。

9 选用10mm套筒、短接杆、预调式扭力扳手，用工具按照从中间往两边的顺序将四道轴承盖螺栓均匀地拧紧，拧紧力矩为3N·m。

提示：
按照从中间往两边的顺序分2次将四道轴承盖均匀地拧紧，拧紧力矩为13N·m。

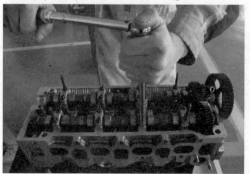

10 用10mm丁字形套筒扳手拆卸副凸轮轴的主、副齿轮上面的维修螺栓，并将其收集保管好。

提示：
（1）不拆卸维修螺栓，凸轮轴无法转动；
（2）拆卸维修螺栓时，容易造成汽缸盖表面损伤。

11 用手取下维修螺栓。

提示：
拆卸后将其放置到零件车规定位置。

12 安装1号轴承盖。

提示：
（1）使标记箭头朝前，在轴承盖螺栓的螺纹上和螺栓头下部涂一薄层润滑油，交替地拧紧2个轴承螺栓，拧紧力矩为13N·m。检查凸轮轴齿轮正时标记是否对准；
（2）拧紧后检查正时标记，如未对准，应及时调整。

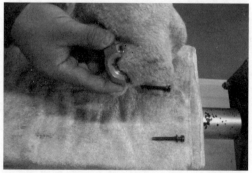

提示:

用机油枪润滑轴承盖螺栓。

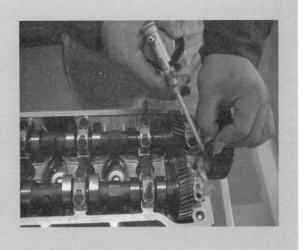

13 选用10mm套筒、短接杆、棘轮扳手,用工具拧紧进气凸轮轴一道轴承盖。

提示:

用工具根据安装顺序从中间至两侧分2～3次均匀地拧紧,将一道轴承盖平稳地压紧。

14 选用10mm套筒、短接杆、预调式扭力扳手,用工具拧紧进气凸轮轴一道轴承盖,拧紧力矩为13N·m。

提示:

检查拧紧力矩是否达到13N·m。

🌲 第四步 安装分电器轴承盖

1 安装分电器轴承盖。

提示:

检查分电器轴承盖是否安装到位。

2 安装分电器轴承盖紧固螺栓。

提示:

给紧固螺栓涂上润滑油,并用手将机油涂抹均匀。

3 选用10mm长套筒、棘轮扳手，拧紧分电器轴承盖紧固螺栓。

提示：

用工具根据安装顺序从中间至两侧分2～3次均匀地拧紧，将分电器轴承盖平稳地压紧。

4 选用10mm长套筒、预调式扭力扳手，用工具将一道轴承盖螺栓拧紧到规定力矩为13N·m。

提示：

检查分电器轴承盖螺栓拧紧力矩是否达到13N·m。

5 清洁、整理工具。

提示：

工具要清洁、整齐地摆放在工具车上。

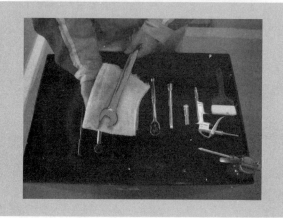

八 考核标准

考 核 标 准 表

考核时间	序号	考 核 项 目	满分	评分标准	得分
40min	1	着装规范	3分	酌情扣分	
	2	作业前整理工位	3分	酌情扣分	
	3	检查安装工具是否齐全	3分	检查不到位扣3分	
	4	检查进、排凸轮轴及其轴承盖是否完好	3分	检查不到位扣3分	
	5	用柴油清洗凸轮轴轴承盖及其螺栓	4分	操作不当扣4分	
	6	用压缩空气吹净轴承盖及其螺栓上的柴油	4分	操作不当扣4分	
	7	用柴油清洗凸轮轴	4分	操作不当扣4分	
	8	用压缩空气吹净凸轮轴上的柴油	4分	操作不当扣4分	
	9	清洁汽缸盖上的凸轮轴轴承座	3分	操作不当扣3分	
	10	在凸轮轴轴承座上涂上润滑油并用手将润滑油抹匀	3分	操作不当扣3分	
	11	安装排气凸轮轴并检查安装位置	2分	操作不当扣2分	
	12	在排气凸轮轴五道轴颈上涂抹润滑油	3分	操作不当扣3分	
	13	安装排气凸轮轴轴承盖	2分	操作不当扣2分	
	14	检查排气凸轮轴轴承盖安装记号	2分	检查不到位扣2分	
	15	按照从中间往两边的顺序，将排气凸轮轴轴承盖螺栓拧紧	4分	操作不当扣4分	

续上表

考核时间	序号	考核项目	满分	评分标准	得分
40min	16	按照从中间往两边的顺序，将排气凸轮轴轴承盖螺栓进一步拧紧，力矩为13N·m	4分	操作不当扣4分	
	17	选用开口扳手	2分	工具选取不当扣2分	
	18	用工具顺时针转动排气凸轮轴使其定位销位置与汽缸盖平齐	4分	操作不当扣4分	
	19	在进气凸轮轴轴承座上涂上润滑油并将润滑油抹匀	2分	操作不当扣2分	
	20	安装进气凸轮轴	2分	操作不当扣2分	
	21	检查进、排凸轮轴安装标记是否对齐	4分	检查不到位扣4分	
	22	清洁进气凸轮轴轴承盖并加注润滑油	2分	操作不当扣2分	
	23	安装进气凸轮轴轴承盖	2分	操作不当扣2分	
	24	检查进气凸轮轴轴承盖安装记号	2分	检查不到位扣2分	
	25	按照从中间往两边的顺序，将进气凸轮轴四道轴承盖螺栓拧紧	4分	操作不当扣4分	
	26	按照从中间往两边的顺序，将进气凸轮轴四道轴承盖螺栓进一步拧紧，力矩为13N·m	4分	操作不当扣4分	
	27	取下进气凸轮轴正时齿轮上的维修螺栓	3分	操作不当扣3分	
	28	安装进气凸轮轴一道轴承盖，将其拧紧并紧固到规定力矩13N·m	4分	操作不当扣4分	
	29	安装汽缸盖上分电器轴承盖，将其拧紧并紧固到规定力矩13N·m	4分	操作不当扣4分	
	30	清洁整理工具	2分	未清洁整理扣2分	
	31	整理工作台	2分	未整理扣2分	
	32	安全操作	6分	跌落零件扣2分/次；损坏工具扣2分/次；扣完为止	
	33	其他		每超时1min扣2分，超时5min终止考试	
	34	遵守相关安全规范		因违规操作造成人身和设备事故的，总分按0分计	
		分数合计	100分		

任务 25 安装配气机构（三）

任务26 安装外围设备（一）

一 任务说明

❶ 安装水泵

在安装水泵之前，应对水泵进行检查，看其是否完好。如果有损坏应该及时进行修理。

在安装水泵时，应该更换安装在汽缸盖上的垫片，因为发动机是汽车的重要部件，对于发动机上的这些零件，其密封性能是至关重要的。已用过的垫片，在第一次安装时，为保证密封性已经发生变形，那么这个密封垫在下次使用时已经失去密封作用，因此必须换用新品。

安装上水泵后，应将水泵紧固螺栓拧紧，并且要用预调式扭力扳手拧紧到规定力矩。最后在拧紧后再用扭力扳手复查一次，以便确认拧紧力矩是否到位。

❷ 安装进水软管

进水软管在安装之前先要进行检查，特别是要注意进水软管有无开裂、损坏。如有损坏应换用新件。

在安装进水软管之前，首先在汽缸盖上安装一个新垫片，并且使标记朝上。

安装进水软管时，首先安装进水软管与水泵连接的一侧，用鲤鱼钳将卡箍夹紧进水软管水泵一侧，随后靠鲤鱼钳和手相互配合将进水软管与汽缸盖连接的一侧安装到位。

❸ 安装机油尺导管和机油尺

在安装机油尺导管时，首先检查一下机油尺导管有无弯曲或变形，并检查一下机油尺有无变形。

然后更换导管上的密封圈，并在新密封圈上涂上一层机油，再用双手将机油尺导管安装到位。最后将机油尺导管固定螺栓安装到位。

二 技术标准与要求

（1）丰田8A发动机水泵紧固螺栓的规定拧紧力矩为14N·m；

（2）丰田8A发动机进水软管紧固螺母的规定拧紧力矩为15N·m；

（3）丰田8A发动机机油尺导管紧固螺栓的规定拧紧力矩为9.3N·m。

三 实训时间 30min

四 实训教学目标

（1）了解正确安装水泵、进水软管、机油尺导管和机油尺的重要性和必要性；

（2）掌握扭力扳手、棘轮扳手、套筒、鲤鱼钳等汽车维修通用工具的正确选用及使用方法；

（3）掌握水泵、进水软管、机油尺导管和机油尺安装的技术标准，并能按技术标准熟练安装；

（4）安装过程中注意安装步骤和操作注意事项；

（5）依据5S（5S的含义：整理、整顿、清洁、清扫、自律）管理的要求，培养学生安全、规范的操作习惯。

五 实训器材

10mm套筒

12mm套筒

14mm套筒

10mm长套筒

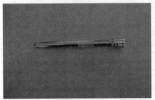
长接杆

棘轮扳手

短接杆

棘轮扳手

10～100N·m预调式扭力扳手

0～25N·m预调式扭力扳手

鲤鱼钳

清洁布

六 教学组织

1 教学组织形式

本课程为"工艺化"实训课,实训教师1名,学生24名,实训室共有6个实训工位,按照4人1个工位编组。

2 学生的站位分工和要求

学生按规定的工位站立,按教师的指令同时进行独立操作。

3 实训教师职责

播放教学视频,并讲解实训任务的操作步骤和相关注意事项;下达"开始操作"口令;巡视、检查、指导和纠正学生操作中的错误;课堂总结;组织学生对实训室进行清洁、整理。

4 学生职责

认真观看教学视频;完成教师布置的任务;做好课后的清洁、整理工作。

七 操作步骤

🌲 第一步 安装水泵总成

 清洁水泵总成的安装表面以及缸体上的安装表面。

提示:
检查清洁是否到位。

2 清洁水泵总成，将水泵里面的污垢清除干净。

提示：

（1）检查水泵是否完好，有无损坏；
（2）清除水泵总成上的水垢。

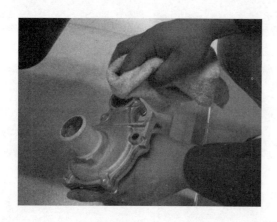

3 安装新O形密封圈和水泵总成的3个紧固螺栓。

提示：

检查密封圈是否完好后再安装。

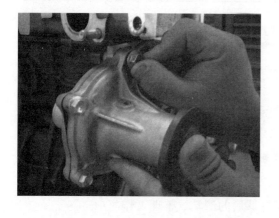

4 用手拧紧水泵总成的3个紧固螺栓。

提示：

拧上螺栓时，检查螺栓与螺纹是否配合正常。

5 选用12mm套筒、短接杆和棘轮扳手，用工具拧紧水泵总成上3个紧固螺栓。

提示：

按照要求分2~3次对称地将紧固螺栓拧紧。

6 选用12mm套筒、短接杆和预调式扭力扳手，用工具拧紧水泵总成固定螺栓到规定的力矩为14N·m。

提示：

检查是否拧紧到规定力矩。

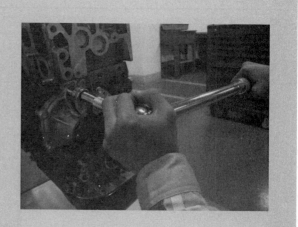

第二步 安装进水软管

1 检查进水软管有无破裂损坏，进水软管内有无污垢，如果有应该及时清理。

提示：

检查橡皮管是否损坏、老化。

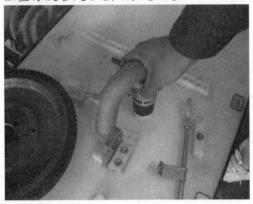

2 清洁进水软管安装表面。

提示：

清洁进水软管的表面和橡胶管道处。

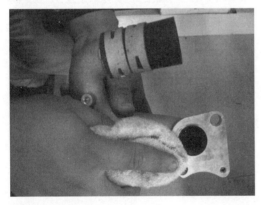

3 更换并安装一个新垫片。

提示：

进水软管垫片属于非重复性使用零件，必须注意更换。

4 安装进水软管一侧橡皮管，用鲤鱼钳将卡箍夹紧进水软管橡皮管一侧。

提示：

在用鲤鱼钳夹紧卡箍的同时边摇动边向前安装，最终使水泵一侧进水软管安装到位。

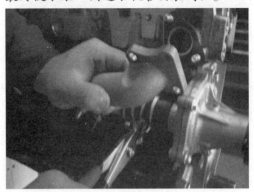

5 用鲤鱼钳将进水软管卡箍安装到位。

提示：

检查进水软管一侧是否安装到位。

6 用鲤鱼钳压紧进水软管卡箍，同时用手将进水管另一侧安装到汽缸盖上。

提示：

安装时注意不要损伤汽缸盖处进水软管螺柱的螺纹。

7 选用12mm套筒、短接杆和棘轮扳手，用工具拧紧进水软管2个紧固螺母。

提示：

拧紧紧固螺母时，分2~3次对称均匀地紧固。

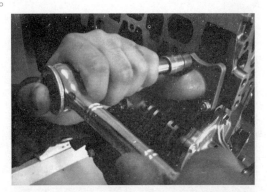

8 选用12mm套筒、短接杆和预调式扭力扳手，用工具拧紧进水管紧固螺母到规定的力矩为15N·m。

提示：

检查是否拧紧到规定力矩。

第三步　安装机油尺及机油导管

1 清洁机油尺导管，在机油尺导管上装一个新的且涂好润滑油的O形圈。

提示：

（1）O形圈是非重复性使用零件，必须更换新品；
（2）检查O形圈是否完好。

2 安装机油尺导管。

提示：

安装机油尺导管时边旋转边下压，O形圈要安装到位，否则容易造成机油泄漏。

3 用手拧紧机油尺导管紧固螺栓。

提示：

螺栓拧上后要检查其与螺纹是否配合正常。

4 选用10mm套筒、短接杆、棘轮扳手，用工具拧紧机油尺导管的紧固螺栓。

提示：

拧螺栓时，注意拧紧力度不要过大，以免损伤螺栓。

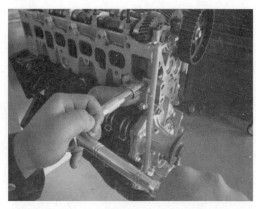

5 清洁机油尺。

提示:

如果机油尺上黏有灰尘等脏物，将其安装完毕后，容易造成机油被污染。

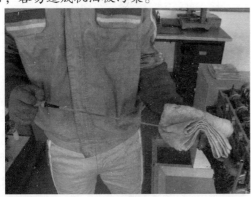

6 安装机油尺。

提示:

将机油尺缓慢安装到位，注意不要使其受到损伤。

7 选用10mm长套筒、长接杆和预调式扭力扳手，用工具拧紧机油尺导管固定螺栓到规定的力矩为9.3N·m。

提示:

检查是否将固定螺栓拧紧到规定力矩。

8 清洁、整理工具。

提示:

工具要清洁、整齐地摆放在工具车上。

八 考核标准

考核标准表

考核时间	序号	考核项目	满分	评分标准	得分
30min	1	着装规范	3分	酌情扣分	
	2	作业前整理工位	3分	酌情扣分	
	3	检查安装工具是否齐全	3分	检查不到位扣3分	
	4	清洁汽缸体上安装水泵总成表面	3分	清洁不当扣3分	
	5	清洁水泵总成表面	2分	清洁不当扣2分	
	6	安装新的O形密封圈	4分	操作不当扣4分	
	7	安装水泵总成	3分	操作不当扣3分	
	8	在水泵总成的紧固螺栓上涂抹适量机油	2分	操作不当扣2分	
	9	选用12mm套筒、短接杆、棘轮扳手	2分	工具选取不当扣2分	
	10	按对角顺序将水泵紧固螺栓拧紧	4分	操作不当扣4分	
	11	选用12mm套筒、短接杆、预调式扭力扳手	2分	工具选取不当扣2分	
	12	按对角顺序将水泵总成螺栓进一步拧紧，力矩为14N·m	6分	操作不当扣6分	

续上表

考核时间	序号	考 核 项 目	满分	评 分 标 准	得分
30min	13	选用进水软管	2分	零件选择不当扣2分	
	14	清洁进水软管安装表面	2分	清洁不当扣2分	
	15	更换并安装一个新垫片	2分	操作不当扣2分	
	16	安装进水软管	5分	操作不当扣5分	
	17	选用12mm套筒、短接杆、棘轮扳手	2分	工具选取不当扣2分	
	18	按对角顺序将进水软管紧固螺母拧紧	4分	操作不当扣4分	
	19	选用12mm套筒、短接杆、预调式扭力扳手	2分	工具选取不当扣2分	
	20	按对角顺序将进水软管紧固螺母进一步拧紧,力矩为15N·m	6分	操作不当扣6分	
	21	清洁机油尺导管	2分	清洁不当扣2分	
	22	换用新的O形密封圈并涂上机油	4分	操作不当扣4分	
	23	安装机油尺导管	3分	操作不当扣3分	
	24	安装机油尺导管紧固螺栓	2分	操作不当扣2分	
	25	选用10mm套筒、短接杆、棘轮扳手	2分	工具选取不当扣2分	
	26	将机油尺导管紧固螺栓拧紧	4分	操作不当扣4分	
	27	选用10mm套筒、短接杆、预调式扭力扳手	2分	工具选取不当扣2分	
	28	将机油尺导管紧固螺栓进一步拧紧,力矩为9.3 N·m	4分	操作不当扣4分	
	29	清洁并安装机油尺	4分	清洁不当扣4分	
	30	清洁整理工具	3分	未清洁整理扣3分	
	31	整理工作台	2分	未整理扣2分	
	32	安全操作	6分	跌落零件扣2分/次;损坏工具扣2分/次;扣完为止	
	33	其他		每超时1min扣2分,超时5min终止考试	
	34	遵守相关安全规范		因违规操作造成人身和设备事故的,总分按0分计	
		分数合计	100分		

任务27 安装外围设备（二）

一 任务说明

❶ 安装发电机支架

安装发电机支架时，首先应检查发电机支架是否完好。如果有损坏应及时进行维修或更换。另外，还要注意以下3点：①用手将紧固螺栓旋入几扣，目的是对正螺纹、防止螺纹损伤；②螺栓按规定顺序分多遍拧紧，以防止发电机支架与汽缸盖接合面产生变形；③螺栓拧紧完毕后，应用扭力扳手拧紧到规定力矩，拧紧后再复查一遍，目的是防止螺栓紧固的遗漏和力矩的不均匀。

❷ 安装发动机1号和2号吊钩

安装发动机吊钩时，首先应检查发动机吊钩是否完好。如果有损坏应及时进行维修或更换。另外，还要注意以下4点：①用手将紧固螺栓旋入几扣，目的是对正螺纹、防止螺纹损伤；②螺栓按规定顺序分多遍拧紧，以防止发动机吊钩与汽缸盖接合面产生变形；③螺栓拧紧完毕后，应用扭力扳手拧紧到规定力矩，拧紧后再复查一遍，目的是防止螺栓紧固的遗漏和力矩的不均匀；④由于发动机吊钩直接关系到发动机在整车上吊装的安全性，因此必须经常性地检查发动机吊钩的使用情况，如有问题应该及时修理。

❸ 安装曲轴正时齿轮

安装曲轴正时齿轮之前，应对曲轴正时齿轮进行检查，检查有无裂纹或损坏，如有损坏应更换。在安装曲轴正时齿轮时，应对准皮带轮定位键和皮带轮键槽的位置，在推入正时皮带轮时，带凸缘一面在内侧。在安装完毕后，用手检查曲轴正时齿轮是否安装正常。

❹ 发动机右侧支架

安装发动机右侧支架时，首先应检查发动机右侧支架是否完好。如果有损坏应及时进行维修或更换。另外，还要注意以下3点：①用手将紧固螺栓旋入几扣，目的是对正螺纹、防止螺纹损伤；②螺栓按规定顺序分多遍拧紧，以防止发动机右侧支架与汽缸盖接合面产生变形；③螺栓拧紧完毕后，应用扭力扳手拧紧到规定力矩，拧紧后再复查一遍，目的是防止螺栓紧固的遗漏和力矩的不均匀。

二 技术标准与要求

（1）丰田8A发动机发电机支架螺栓的规定拧紧力矩为26N·m；

（2）丰田8A发动机吊钩紧固螺栓的规定拧紧力矩为30N·m；

（3）丰田8A发动机机右侧支架紧固螺栓的规定拧紧力矩为51N·m。

三 实训时间 30min

四 实训教学目标

（1）了解正确安装发电机支架、发动机吊钩、发动机右侧支架的重要性和必要性；

（2）掌握数字式扭力扳手、棘轮扳手、套筒等汽车维修通用工具的正确选用及使用方法；

（3）掌握发电机支架、发动机吊钩、发动机右侧支架安装技术标准，并能按技术标准熟练安装；

（4）安装过程中注意安装步骤和操作注意事项；

（5）依据5S（5S的含义：整理、整顿、清洁、清扫、自律）管理的要求，培养学生安全、规范的操作习惯。

五 实训器材

12mm套筒

14mm套筒

短接杆

棘轮扳手

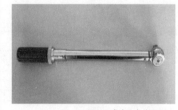
10～100N·m预调式扭力扳手

清洁布

六 教学组织

1 教学组织形式

本课程为"工艺化"实训课,实训教师1名,学生24名,实训室共有6个实训工位,按照4人1个工位编组。

2 学生的站位分工和要求

学生按规定的工位站立,按教师的指令同时进行独立操作。

3 实训教师职责

播放教学视频,并讲解实训任务的操作步骤和相关注意事项;下达"开始操作"口令;巡视、检查、指导和纠正学生操作中的错误;课堂总结;组织学生对实训室进行清洁、整理。

4 学生职责

认真观看教学视频;完成教师布置的任务;做好课后的清洁、整理工作。

七 操作步骤

▲ 第一步 安装1号发电机支架

1 从零件车上取来发电机支架和3个紧固螺栓。

提示:
从零件车上正确选取零件。

2 安装发电机支架的3个紧固螺栓。

提示:
(1)先拧紧上边2个螺栓再拧紧下边1个螺栓;
(2)用手将紧固螺栓拧紧几扣。

3 选用12mm套筒、短接杆和棘轮扳手，用工具拧紧发电机支架的紧固螺栓。

将发电机支架紧固螺栓分2~3次对称拧紧。

4 选用12mm套筒、短接杆和预调式扭力扳手，用工具拧紧发电机支架固定螺栓到规定力矩为26N·m。

提示：

注意扭力扳手的正确使用，固定螺栓应调整锁止后再拧紧。

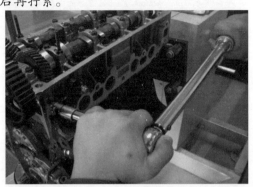

🌲 第二步　安装发动机1号吊钩

1 清洁发动机1号吊钩及其螺栓。

提示：

从零件车上正确选取。

2 安装发动机1号吊钩的紧固螺栓。

用手将发动机1号吊钩紧固螺栓旋上几扣。

3 选用14mm套筒、短接杆和棘轮扳手，用工具拧紧发动机1号吊钩紧固螺栓。

提示：

将发动机1号吊钩紧固螺栓分2~3次对称拧紧。

4 选用14mm套筒、短接杆和预调式扭力扳手，用工具拧紧发动机1号吊钩固定螺栓到规定的力矩为30N·m。

提示：

拧紧到规定力矩后，再用预调式扭力扳手检查是否拧紧到规定的拧紧力矩。

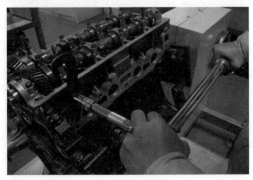

🌲 第三步　安装发动机2号吊钩

1 清洁发动机2号吊钩及其螺栓。

提示：

从零件车上正确选取。

2 安装发动机2号吊钩的紧固螺栓。

提示：

用手将发动机2号吊钩紧固螺栓旋上几扣。

3 选用14mm套筒、短接杆和棘轮扳手，用工具拧紧发动机2号吊钩固定螺栓。

提示：

将发动机2号吊钩紧固螺栓分2～3次对称拧紧。

4 选用14mm套筒、短接杆和预调式扭力扳手，用工具拧紧发动机2号吊钩固定螺栓到规定的力矩30N·m。

提示：

拧紧到规定力矩后，再用预调式扭力扳手检查是否拧紧到规定力矩。

🌲 第四步　安装曲轴正时齿轮

1 从零件车上取来曲轴正时齿轮。

提示：

从零件车上正确选取。

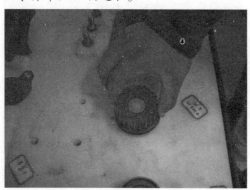

2 用干净的清洁布清洁曲轴正时齿轮。

提示：

检查曲轴齿轮是否完好。

3 对准正时齿轮定位键，推入正时齿轮，带凸缘一面在内侧。

提示：
曲轴正时齿轮安装方向必须正确。

4 安装曲轴正时齿轮。

提示：
检查是否安装到位。

第五步　安装横置发动机右侧支架

1 从零件车上选取发动机右侧安装支架。

提示：
从零件车上正确选取。

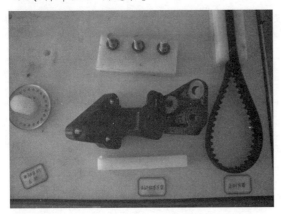

2 清洁发动机右侧支架及其螺栓。

提示：
清洁到位，并检查发动机右侧支架是否完好。

3 安装发动机右侧安装支架的3个紧固螺栓。

提示：
先拧上排螺栓后拧下排螺栓，用来固定支架位置。

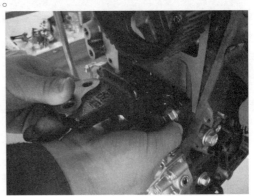

4 选用14mm套筒、短接杆和棘轮扳手，用工具拧紧发动机右侧安装支架上的3个固定螺栓。

提示：
使用工具将发动机右侧支架紧固螺栓分2～3次拧紧。

任务 27　安装外围设备（二）

5 选用14mm套筒、短接杆和预调式扭力扳手，用工具拧紧发动机右侧安装支架固定螺栓到规定的力矩51N·m。

提示：

拧紧到规定力矩后，再用预调式扭力扳手检查是否拧紧到规定力矩。

6 清洁、整理工具。

提示：

工具要清洁、整齐地摆放在工具车上。

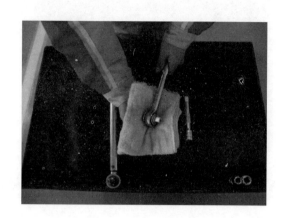

八 考核标准

考 核 标 准 表

考核时间	序号	考 核 项 目	满分	评分标准	得分
30min	1	着装规范	3分	酌情扣分	
	2	作业前整理工位	3分	酌情扣分	
	3	检查安装工具是否齐全	3分	检查不到位扣3分	
	4	正确选取并清洁发电机支架	2分	选取不当扣2分	
	5	安装发电机支架的紧固螺栓	3分	操作不当扣3分	
	6	选用12mm套筒、短接杆、棘轮扳手	2分	工具选取不当扣2分	
	7	按对角顺序将发电机支架紧固螺栓拧紧	4分	操作不当扣4分	
	8	选用12mm套筒、短接杆、预调式扭力扳手	2分	工具选取不当扣2分	
	9	按对角顺序将发电机支架螺栓进一步拧紧，力矩为26N·m	5分	操作不当扣5分	
	10	正确选取并清洁1号发动机吊钩	2分	选取不当扣2分	
	11	安装1号发动机吊钩	2分	操作不当扣2分	
	12	选用14mm套筒、短接杆、棘轮扳手	2分	工具选取不当扣2分	
	13	将1号发动机吊钩紧固螺栓拧紧	4分	操作不当扣4分	
	14	选用14mm套筒、短接杆、预调式扭力扳手	2分	工具选取不当扣2分	
	15	将1号发动机吊钩螺栓进一步拧紧，力矩为30N·m	5分	操作不当扣5分	
	16	正确选取并清洁2号发动机吊钩	2分	工具选取不当扣2分	
	17	安装2号发动机吊钩	2分	操作不当扣2分	
	18	选用14mm套筒、短接杆、棘轮扳手	2分	工具选取不当扣2分	
	19	将2号发动机吊钩紧固螺栓拧紧	4分	操作不当扣4分	
	20	选用14mm套筒、短接杆、预调式扭力扳手	2分	工具选取不当扣2分	
	21	将2号发动机吊钩螺栓进一步拧紧，力矩为30N·m	5分	操作不当扣5分	

续上表

考核时间	序号	考核项目	满分	评分标准	得分
30min	22	正确选取并清洁曲轴正时齿轮	2分	选取不当扣2分	
	23	正确安装曲轴正时齿轮	4分	操作不当扣4分	
	24	检查安装是否正确	2分	检查不到位扣2分	
	25	正确选取并清洁发动机右侧支架	2分	选取不当扣2分	
	26	安装发动机右侧支架	2分	操作不当扣2分	
	27	选用14mm套筒、短接杆、棘轮扳手	2分	工具选取不当扣2分	
	28	将发动机右侧支架紧固螺栓拧紧	4分	操作不当扣4分	
	29	选用14mm套筒、短接杆、预调式扭力扳手	2分	工具选取不当扣2分	
	30	将发动机右侧支架螺栓进一步拧紧，力矩为51N·m	5分	操作不当扣5分	
	31	清洁整理工具	4分	未清洁整理扣4分	
	32	整理工作台	4分	未整理扣4分	
	33	安全操作	6分	跌落零件扣2分/次；损坏工具扣2分/次；扣完为止	
	34	其他		每超时1min扣2分，超时5min终止考试	
	35	遵守相关安全规范		因违规操作造成人身和设备事故的，总分按0分计	
分数合计			100分		

任务 28 安装外围设备（三）

一、任务说明

❶ 安装正时皮带惰轮总成

在安装正时皮带惰轮总成之前，首先检查一下正时皮带惰轮是否完好，如果有损坏应及时维修或更换。在安装正时皮带惰轮时，首先要对准正时皮带惰轮的定位销位置，接下来要安装固定螺栓，注意螺栓一定要跟螺纹孔配合正确。在安装张紧弹簧时，首先也要先检查一下弹簧的弹性，在检查弹簧完好后，用尖嘴钳将张紧弹簧安装到位。用尖嘴钳夹紧时，一定要压紧弹簧的头部，而不能夹紧弹簧处以免损伤弹簧。

❷ 对正时记号

对正时记号是发动机安装时一个比较重要的任务，也就为下一步安装正时皮带做准备。检查丰田8A发动机正时记号，主要有两处：凸轮轴皮带轮正时记号和曲轴正时齿轮记号。检查丰田8A发动机凸轮轴皮带轮正时记号，主要靠26mm开口扳手转动凸轮轴的六角部分，将凸轮轴皮带轮的"K"标记与轴承盖的正时标记对正。用曲轴皮带轮螺栓转动曲轴并对准曲轴正时皮带轮和机油泵体的正时标记。对正时记号是发动机是否能正常工作的一个重要的技术标准。

❸ 安装正时皮带

在安装正时皮带时，首先检查拆卸时的记号标记，这样有助于正时皮带的安装。其中，最为重要的是要检查凸轮轴和曲轴上的正时标记是否对准。在检查完对准记号标记后，可以安装正时皮带。首先将1号惰轮总成推至最左边，使张紧弹簧张紧，其次安装正时皮带，注意在安装完毕后要再认真检查正时记号是否变化，随后放松1号惰轮总成，在张紧弹簧的作用下，1号惰轮压紧正时皮带，使正时皮带张紧到规定位置。用手转动皮带90°来检查皮带轮是否安装到位。最后，检查正时是否安装正确，转动曲轴两圈，凸轮轴刚好转过一圈。在观察正时标记是否对准时，如果对准说明正时皮带安装到位，如果不对准应重新安装。

❹ 安装导轮

在安装正时皮带导轮之前，首先检查导轮是否损坏，如有损坏应及时更换。安装导轮时，应该面朝内安装，如果安装错误，有可能导轮曲轴正时齿轮工作不正常，起不到正时皮带导轮的导向作用。

二、技术标准与要求

（1）丰田8A发动机正时皮带惰轮紧固螺栓的规定拧紧力矩为37N·m；

（2）丰田8A发动机正时记号的检查与调整（对正时记号，将凸轮轴正时皮带轮的"K"标记与轴承盖的正时标记对正，用曲轴皮带轮螺栓转动曲轴并对准曲轴正时皮带轮和机油泵体的正时标记）；

（3）正时皮带挠度：5～6mm（施力20N时）。如果挠度不合适，调节惰轮；

（4）正时皮带导轮的正确安装。

三、实训时间 40min

四、实训教学目标

（1）了解正确安装正时皮带惰轮、正时皮带、正时皮带导轮的重要性和必要性；

（2）检查正时皮带正时记号的重要性和必要性；

（3）掌握汽车维修通用工具的正确选用及使用方法；

（4）掌握正时皮带惰轮、正时皮带、正时皮带导轮安装技术标准，并能按技术标准熟练安装；

（5）安装过程中注意安装步骤和操作注意事项；

（6）依据5S（5S的含义：整理、整顿、清洁、清扫、自律）管理的要求，培养学生安全、规范的操作习惯。

五 实训器材

尖嘴钳

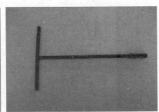
10mm丁字形套筒

23、26mm开口扳手

10mm套筒

短接杆

棘轮扳手

10～100N·m预调式扭力扳手

清洁布

六 教学组织

1 教学组织形式

本课程为"工艺化"实训课，实训教师1名，学生24名，实训室共有6个实训工位，按照4人1个工位编组。

2 学生的站位分工和要求

学生按规定的工位站立，按教师的指令同时进行独立操作。

3 实训教师职责

播放教学视频，并讲解实训任务的操作步骤和相关注意事项；下达"开始操作"口令；巡视、检查、指导和纠正学生操作中的错误；课堂总结；组织学生对实训室进行清洁、整理。

4 学生职责

认真观看教学视频；完成教师布置的任务；做好课后的清洁、整理工作。

七 操作步骤

♣ 第一步　安装正时皮带惰轮及张紧轮

1 从零件车上取来正时皮带惰轮。

提示：
从零件车上正确选取。

2 清洁正时皮带惰轮。

提示：

用干净的清洁布清洁正时皮带惰轮。

3 用双手安装正时皮带惰轮。

提示：

将正时皮带惰轮安装到位，对准定位销的位置。

4 安装正时皮带惰轮的紧固螺栓。

提示：

对准螺纹孔，用手将正时惰轮紧固螺栓拧紧几扣。

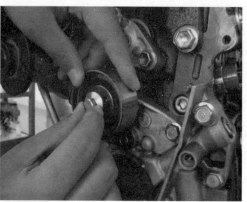

5 安装张紧弹簧，推惰轮尽量靠近皮带轮。

提示：

用尖嘴钳将张紧弹簧安装到位。

6 选用10mm丁字形扳手，拧紧1号正时皮带惰轮的紧固螺栓到适当位置。

提示：

左手将惰轮向左拉，使张紧弹簧拉紧，用丁字形套筒拧紧紧固螺栓。

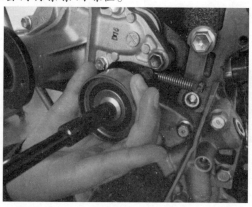

7 检查正时皮带惰轮是否安装到位，以便安装正时皮带。

提示：

检查正时皮带惰轮是否安装到位。

第二步 检查正时记号

用开口扳手调整凸轮轴正时齿轮的正时记号,用皮带轮调整曲轴正时齿轮的正时记号。

提示:

对正时记号,转动凸轮轴的六角部分,将凸轮轴正时皮带轮的 "K" 标记与轴承盖的正时标记对正。用曲轴皮带轮螺栓转动曲轴并对准曲轴正时皮带轮和机油泵体的正时标记。

检查正时记号是否对齐。

提示:

检查凸轮轴正时齿轮的正时记号。

检查曲轴正时齿轮的正时记号。

提示:

检查曲轴正时齿轮的正时记号。

第三步 安装正时皮带

清洁并安装正时皮带,检查曲轴和凸轮轴正时皮带轮的张力。

提示:

重复使用正时皮带应在其上做标记,以便下次安装使用,并且将箭头方向指向发动机旋转方向。

清洁正时皮带。

提示:

主要是清洁正时皮带上的油污和脏物。

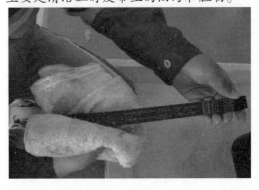

安装正时皮带。

提示:

安装时,注意正时皮带上的齿与凸轮轴和曲

轴正时齿轮相对应。

4 用双手配合安装正时皮带。

提示：

（1）用大拇指将正时皮带安装到规定位置；
（2）不要搞错正时皮带的安装位置。

提示：

检查正时皮带是否安装到位。

5 放松正时惰轮，张紧正时皮带。

提示：

在放松正时惰轮时动作要缓慢，同时检查记号是否对齐。

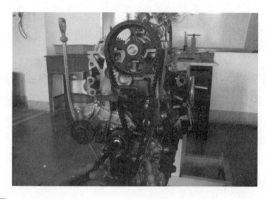

6 用工具拧紧正时惰轮紧固螺栓，将正时皮带夹紧。

提示：

如果记号没对齐应该重新调整正时记号，重新安装正时皮带。

7 正时皮带正时记号的检查和皮带挠度的检查。

提示：

（1）松开惰轮螺栓；
（2）从上止点位置慢慢转两圈再回到上止点位置，注意只能顺时针转动曲轴；
（3）检查每个皮带轮正时标记，如果没对准正时标记，拆下正时皮带重新安装；
（4）紧固1号正时皮带惰轮，拧紧力矩为37N·m。安装完毕后再旋转曲轴720°，检查正时标记是否对准；
（5）拆下曲轴皮带轮安装螺栓。

提示：

检查正时标记是否对准。

8 检查正时皮带挠度：皮带挠度为5～6mm（在20N时），如果挠度不合适，调节惰轮。

提示：

如果检查皮带挠度不正常应该更换正时皮带。

提示：

也可通过手动检查正式皮带，看皮带能否转动90°，如果能够转过说明皮带挠度正常。

第四步　安装正时皮带导轮

1 取来正时皮带导轮。

提示：

从零件车上正确选取。

2 清洁正时皮带导轮。

提示：

清洁并检查皮带导轮是否完好。

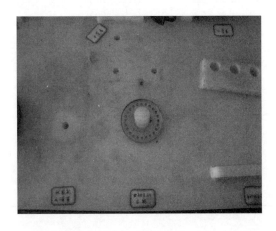

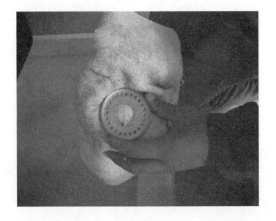

3 安装正时皮带导轮。

提示：

安装时候注意花键槽的位置，面朝内安装。

4 安装正时皮带导轮。

提示：

检查正时皮带导轮是否安装到位。

5 清洁、整理工具。

提示：

工具要清洁、整齐地摆放在工具车上。

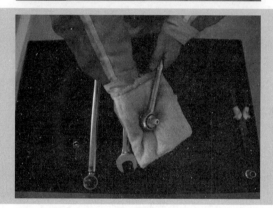

八 考核标准

考 核 标 准 表

考核时间	序号	考 核 项 目	满分	评分标准	得分
40min	1	着装规范	3分	酌情扣分	
	2	作业前整理工位	3分	酌情扣分	
	3	检查安装工具是否齐全	3分	检查不到位扣3分	
	4	正确选取并清洁正时皮带惰轮	2分	零件选取不当扣2分	
	5	安装正时皮带惰轮	4分	操作不当扣4分	
	6	安装正时皮带惰轮的紧固螺栓	4分	操作不当扣4分	
	7	选用尖嘴钳	2分	工具选取不当扣2分	
	8	安装张紧弹簧	6分	操作不当扣6分	
	9	选用10mm丁字形套筒	2分	工具选取不当扣2分	
	10	拧紧正时皮带惰轮的紧固螺栓	4分	操作不当扣4分	
	11	检查正时皮带惰轮安装是否正常	2分	检查不到位扣2分	
	12	检查正时记号	6分	检查不到位扣6分	
	13	正确选取并清洁正时皮带	2分	操作不当扣2分	
	14	检查正时皮带安装记号	4分	检查不到位扣4分	
	15	安装正时皮带	8分	操作不当扣8分	
	16	放松正时皮带惰轮紧固螺栓，张紧正时皮带	4分	操作不当扣4分	

续上表

考核时间	序号	考 核 项 目	满分	评分标准	得分
40min	17	选用10mm套筒、短接杆、棘轮扳手	2分	工具选取不当扣2分	
	18	拧紧正时皮带惰轮紧固螺栓	4分	操作不当扣4分	
	19	选用10mm套筒、短接杆、预调式扭力扳手	2分	工具选取不当扣2分	
	20	将正时皮带惰轮紧固螺栓进一步拧紧，拧紧力矩为37N·m	4分	操作不当扣4分	
	21	检查正时皮带挠度	6分	检查不到位扣6分	
	22	正确选取并清洁正时皮带导轮	4分	操作不当扣4分	
	23	安装正时皮带导轮	3分	操作不当扣3分	
	24	检查正时皮带导轮安装是否正常	3分	检查不到位扣3分	
	25	清洁整理工具	4分	未清洁整理扣4分	
	26	整理工作台	3分	未整理扣3分	
	27	安全操作	6分	跌落零件扣2分/次；损坏工具扣2分/次；扣完为止	
	28	其他		每超时1min扣2分，超时5min终止考试	
	29	遵守相关安全规范		因违规操作造成人身和设备事故的，总分按0分计	
分数合计			100分		

任务 28 安装外围设备（三）

任务29　安装外围设备（四）

一　任务说明

1　安装皮带罩罩盖

安装皮带罩罩盖时，首先应检查皮带罩罩盖总成是否完好。如果有损坏应及时进行维修或更换。另外，还要注意以下几点。

（1）用手将紧固螺栓旋入几扣，目的是对正螺纹、防止螺纹损伤；

（2）螺栓按规定顺序分多遍拧紧，以防止罩盖产生变形；

（3）螺栓拧紧完毕后，应用扭力扳手拧紧到规定力矩，拧紧后再复查一遍，目的是防止螺栓的紧固遗漏和力矩的不均匀；

（4）皮带罩罩盖起到防尘、防水、防噪声等许多种作用，但其为橡胶材料制成，因此在安装过程中不可受力过大或过猛，以免损伤皮带罩盖。

2　安装曲轴皮带轮

在安装曲轴正时皮带轮之前，先检查曲轴皮带轮是否有损坏，如果有损坏应及时更换。在安装曲轴皮带轮时，要注意曲轴皮带轮上花键槽是否对准曲轴的花键。在安装上曲轴皮带轮后，用皮带轮紧固螺栓进行拧紧，最后用预调式扭力扳手将紧固螺栓拧紧。

二　技术标准与要求

（1）丰田8A发动机正时皮带下罩盖紧固螺栓的规定拧紧力矩为9.3N·m；

（2）丰田8A发动机曲轴皮带轮紧固螺栓的规定拧紧力矩为127N·m；

（3）丰田8A发动机正时皮带中罩盖紧固螺栓的规定拧紧力矩为9.3N·m；

（4）丰田8A发动机正时皮带上罩盖紧固螺栓的规定拧紧力矩为9.3N·m。

三　实训时间　30min　★★★

四　实训教学目标

（1）了解正确安装正时皮带罩盖和曲轴皮带轮的重要性和必要性；

（2）掌握曲轴皮带轮专用拆装工具的正确选用及使用方法；

（3）掌握正时皮带罩盖和曲轴皮带轮的安装技术标准，并能按技术标准熟练安装；

（4）安装过程中注意安装步骤和操作注意事项；

（5）依据5S（5S的含义：整理、整顿、清洁、清扫、自律）管理的要求，培养学生安全、规范的操作习惯。

五　实训器材

10mm长套筒

17mm套筒

长接杆

棘轮扳手

0~25N·m预调式扭力扳手	短接杆	10~100N·m预调式扭力扳手

曲轴皮带轮拆装专用工具	指针式扭力扳手	清洁布

六 教学组织

1 教学组织形式

本课程为"工艺化"实训课，实训教师1名，学生24名，实训室共有6个实训工位，按照4人1个工位编组。

2 学生的站位分工和要求

学生按规定的工位站立，按教师的指令同时进行独立操作。

3 实训教师职责

播放教学视频，并讲解实训任务的操作步骤和相关注意事项；下达"开始操作"口令；巡视、检查、指导和纠正学生操作中的错误；课堂总结；组织学生对实训室进行清洁、整理。

4 学生职责

认真观看教学视频；完成教师布置的任务；做好课后的清洁、整理工作。

七 操作步骤

第一步　安装皮带罩下罩盖总成

1 从零件车上选取皮带罩下罩盖及其紧固螺栓。

提示：
（1）检查下罩盖是否完好；
（2）对下罩盖进行清洁。

2 安装皮带罩下罩盖。

提示：
（1）检查安装是否到位；
（2）双手配合进行安装。

3 安装皮带罩下罩盖的3个紧固螺栓。

提示：

检查配合情况。

4 选用10mm套筒、短接杆和棘轮扳手，用工具拧紧皮带罩下罩盖3个紧固螺栓。

提示：

用工具将皮带罩下罩盖紧固螺栓分2～3次拧紧。

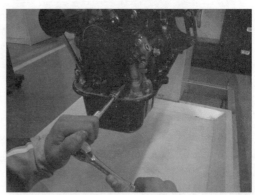

5 选用10mm套筒、短接杆和预调式扭力扳手，用工具拧紧皮带罩下罩盖总成固定螺栓到规定的拧紧力矩为9.3N·m。

提示：

在拧紧到规定力矩之后，再用预调试扭力扳手检查是否到达规定力矩。

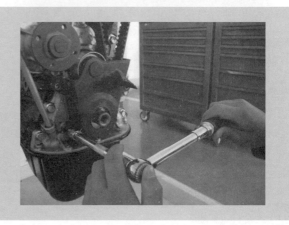

第二步　安装曲轴皮带轮

1 从零件车上取来曲轴皮带轮。

提示：

（1）检查曲轴皮带轮是否完好；
（2）曲轴皮带轮要清洁到位。

2 用双手安装曲轴皮带轮。

提示：

（1）在曲轴皮带轮内圈涂上少量润滑油，确保安装时的润滑；
（2）安装时注意键槽位置，做到正确安装。

3 安装曲轴皮带轮紧固螺栓。

提示：
（1）在螺栓螺纹处涂抹上适量润滑油；
（2）在拧紧过程中，检查紧固螺栓与螺纹的配合情况。

4 选用17mm套筒、短接杆、棘轮扳手，用工具拧紧曲轴皮带轮紧固螺栓。

提示：
（1）工具是否正确使用；
（2）用工具拧紧时注意不要转动曲轴。

5 选用17mm套筒、短接杆、指针式扭力扳手与固定曲轴皮带轮专用工具，两项配合使用拧紧曲轴皮带轮紧固螺栓，规定力矩为127N·m。

提示：
（1）检查是否达到规定力矩；
（2）操作完毕后，清洁工具，并将工具放置到规定位置。

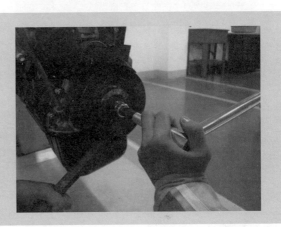

第三步　安装皮带罩中罩盖总成

1 从零件车上选取皮带罩中罩盖及其固定螺栓。

提示：
（1）检查下罩盖是否完好；
（2）对下罩盖进行清洁。

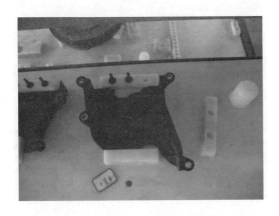

2 安装皮带罩中罩盖。

提示：
检查安装是否到位。

3 用手拧紧皮带罩中罩盖上的2个紧固螺栓。

提示：

检查螺栓与螺纹的配合情况。

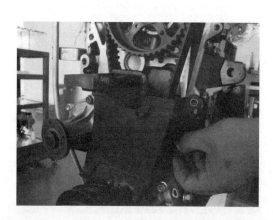

4 选用10mm套筒、短接杆和棘轮扳手，用工具拧紧皮带罩中罩盖紧固螺栓。

提示：

用工具将皮带罩中罩盖紧固螺栓分2~3次将其拧紧。

5 选用10mm套筒、短接杆和预调试扭力扳手，用工具拧紧皮带罩中罩盖总成固定螺栓，规定的拧紧力矩为9.3N·m。

提示：

（1）检查是否到达规定力矩；

（2）操作完毕后，清洁工具，并将工具放置在规定位置。

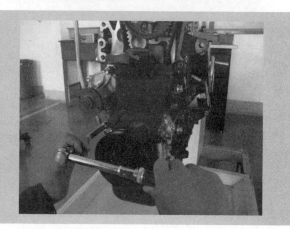

第四步　安装皮带罩上罩盖总成

1 从零件车上选取皮带罩中罩盖及其固定螺栓。

提示：

（1）检查下罩盖是否完好；

（2）对下罩盖进行清洁。

2 安装皮带罩上罩盖。

提示：

检查安装是否到位。

3 用手拧紧皮带罩上罩盖的4个紧固螺栓。

提示:

检查螺栓与螺纹的情况。

4 选用10mm套筒、短接杆和棘轮扳手,用工具拧紧皮带罩上罩盖紧固螺栓。

提示:

用工具将皮带罩上罩盖紧固螺栓分2~3次将其拧紧。

5 选用10mm套筒、短接杆和预调式扭力扳手,用工具拧紧皮带罩上罩盖总成的固定螺栓到规定的力矩为9.3N·m。

提示:

（1）检查是否到达规定力矩；

（2）操作完毕后,清洁工具,并将工具放置在规定位置。

6 清洁、整理工具。

提示:

工具要清洁、整齐地摆放在工具车上。

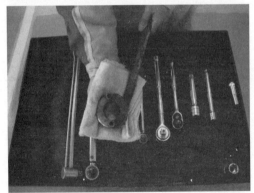

八 考核标准

考 核 标 准 表

考核时间	序号	考核项目	满分	评分标准	得分
30min	1	着装规范	3分	酌情扣分	
	2	作业前整理工位	3分	酌情扣分	
	3	检查安装工具是否齐全	3分	检查不到位扣3分	
	4	正确选取并清洁皮带罩下罩盖	2分	操作不当扣2分	
	5	安装皮带罩下罩盖	4分	操作不当扣4分	
	6	选用10mm套筒、短接杆、棘轮扳手	2分	工具选取不当扣2分	
	7	拧紧皮带罩下罩盖紧固螺栓	4分	操作不当扣4分	
	8	选用10mm套筒、短接杆、预调式扭力扳手	2分	工具选取不当扣2分	
	9	将皮带罩下罩盖紧固螺栓进一步拧紧,力矩为9.3N·m	5分	操作不当扣5分	
	10	正确选取并清洁曲轴皮带轮	2分	操作不当扣2分	

续上表

考核时间	序号	考核项目	满分	评分标准	得分
30min	11	正确安装曲轴皮带轮	5分	操作不当扣5分	
	12	选用17mm套筒、短接杆、棘轮扳手	2分	工具选取不当扣2分	
	13	拧紧曲轴皮带轮紧固螺栓	4分	操作不当扣4分	
	14	选用10mm套筒、短接杆、指针式扭力扳手、固定曲轴皮带轮专用工具	2分	工具选取不当扣2分	
	15	将曲轴皮带轮紧固螺栓进一步拧紧，力矩为127N·m	5分	操作不当扣5分	
	16	正确选取并清洁皮带罩中罩盖	2分	操作不当扣2分	
	17	安装皮带罩中罩盖	4分	操作不当扣4分	
	18	选用10mm套筒、短接杆、棘轮扳手	2分	工具选取不当扣2分	
	19	拧紧皮带罩中罩盖紧固螺栓	4分	操作不当扣4分	
	20	选用10mm套筒、短接杆、预调式扭力扳手	2分	工具选取不当扣2分	
	21	将皮带罩中罩盖紧固螺栓进一步拧紧，力矩为9.3N·m	5分	操作不当扣5分	
	22	正确选取并清洁皮带罩下罩盖	2分	操作不当扣2分	
	23	安装皮带罩下罩盖	4分	操作不当扣4分	
	24	选用10mm套筒、短接杆、棘轮扳手	2分	工具选取不当扣2分	
	25	拧紧皮带罩下罩盖紧固螺栓	4分	操作不当扣4分	
	26	选用10mm套筒、短接杆、预调式扭力扳手	2分	工具选取不当扣2分	
	27	将皮带罩下罩盖紧固螺栓进一步拧紧，力矩为9.3N·m	5分	操作不当扣5分	
	28	清洁整理工具	4分	未清洁整理扣4分	
	29	整理工作台	4分	未整理扣4分	
	30	安全操作	6分	跌落零件扣2分/次；损坏工具扣2分/次；扣完为止	
	31	其他		每超时1min扣2分，超时5min终止考试	
	32	遵守相关安全规范		因违规操作造成人身和设备事故的，总分按0分计	
分数合计			100分		

任务30 安装外围设备（五）

一 任务说明

1 检查正时皮带轮

在安装曲轴正时皮带轮后，检查皮带轮上的记号标记，检查安装是否正确。如果不正确应及时调整到位。

2 安装气门室罩注意事项

（1）把气门室罩放置到汽缸盖上之后，要用橡皮锤轻轻敲击气门室罩的四周和上表面，使之与汽缸盖贴合，因为汽缸盖上圆周布置的螺杆，螺纹以下加粗并呈锥度，对气门室罩起到定位作用，直接用手按压很难使之复位，需要敲击复位，禁止使用铁锤敲击或采用拧紧螺栓的方法将气门室罩复位，否则，气门室罩容易变形而导致漏油；

（2）气门室罩螺栓的拧紧要按规定要求操作，要对称拧紧，使气门室罩整体压紧在汽缸盖上，再按照从中间到两端的顺序分多次进行拧紧，螺栓力矩均匀，防止气门室罩变形；

（3）安装时首先清洁曲轴箱通风阀，将其清洁干净。在安装时应注意鲤鱼钳的用力要适当，以免损伤曲轴箱通风阀。

二 技术标准与要求

（1）检查1号汽缸是否定位在压缩上止点位置；
（2）丰田8A发动机气门室罩盖紧固螺栓的规定拧紧力矩为7.8N·m；
（3）丰田8A发动机通风阀单向导通性的检查。

三 实训时间 30min ★★★

四 实训教学目标

（1）了解正确安装气门室罩盖和通风阀体的重要性和必要性；
（2）掌握检查1号汽缸是否定位在压缩上止点位置的重要性；
（3）掌握气门室罩盖和通风阀体的安装技术标准，并能按技术标准熟练安装；
（4）安装过程中注意安装步骤和操作注意事项；
（5）依据5S（5S的含义：整理、整顿、清洁、清扫、自律）管理的要求，培养学生安全、规范的操作习惯。

五 实训器材

10mm长套筒

长接杆

棘轮扳手

0～25N·m预调式扭力扳手

 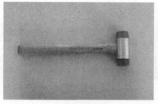 

| 鲤鱼钳 | 塑料锤 | 清洁布 |

六 教学组织

1 教学组织形式

本课程为"工艺化"实训课,实训教师1名,学生24名,实训室共有6个实训工位,按照4人1个工位编组。

2 学生的站位分工和要求

学生按规定的工位站立,按教师的指令同时进行独立操作。

3 实训教师职责

播放教学视频,并讲解实训任务的操作步骤和相关注意事项;下达"开始操作"口令;巡视、检查、指导和纠正学生操作中的错误;课堂总结;组织学生对实训室进行清洁、整理。

4 学生职责

认真观看教学视频;完成教师布置的任务;做好课后的清洁、整理工作。

七 操作步骤

🌲 第一步 将1号汽缸定位在压缩冲程上止点

1 检查曲轴皮带轮上的凹槽标记与下罩盖上的"0"位置是否对准。

提示:
皮带轮上的记号标记对准了,说明1号汽缸定位在压缩行程上止点准确位置上了。

2 选用17mm套筒、短接杆、指针式扭力扳手,用工具转动曲轴皮带轮,将它的缺口与正时皮带轮罩的正时标记"0"对正。

提示:
检查曲轴皮带正时标记,不正确应调整。

3 检查曲轴皮带轮上的凹槽是否对准下罩盖上的记号。

提示:
调整完毕后检查曲轴皮带轮上的正时记号。

检查凸轮轴正时皮带轮的"K"标记与轴承盖的正时标记是否对正。

提示：

调整完毕后检查凸轮轴皮带轮上的正时记号。

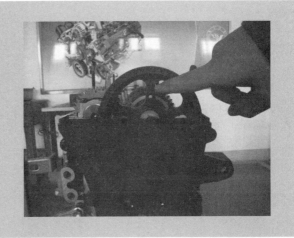

第二步　安装气门室盖分总成

 从零件车上取来气门室罩盖总成。

提示：

从零件车上正确选取。

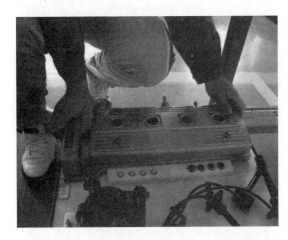

 清洁气门室罩盖总成。

提示：

将气门室罩盖清洁到位。

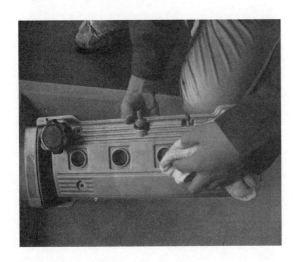

 安装气门室罩盖垫片。

提示：

正确安装气门室罩盖密封垫，安装完毕后检查是否安装到位。

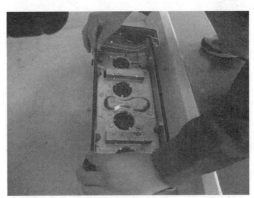

 安装气门室罩盖。

提示：

（1）在安装气门室罩盖之前，在汽缸盖上涂抹上一层密封胶；

（2）将气门室罩安装上后，用木榔头敲击气门室罩表面，使气门室罩安装到位。

5 用塑料锤敲击汽缸盖罩四周，使汽缸盖平稳安装。

提示：

使用塑料锤时用力要适当。

6 安装4个密封垫圈和紧固螺母。

提示：

（1）安装密封垫圈之前检查其是否损坏，如果有损坏应及时更换；

（2）用手将螺母拧紧到规定的位置。

7 选用10mm套筒、短接杆、棘轮扳手，用工具拧紧气门室罩盖螺栓。

提示：

用工具将气门室罩紧固螺母按照顺序分2～3次对称拧紧。

8 选用10mm套筒、短接杆、预调式扭力扳手，用工具将气门室罩紧固螺母拧紧到规定力矩为7.8N·m。

提示：

在拧紧到规定力矩之后，用工具检查是否准确拧紧到规定力矩。

9 安装气门室罩盖机油盖。

提示：

（1）用手顺时针拧紧，拧紧时注意用力要适当；

（2）清洁工具，并将其放回工具车。

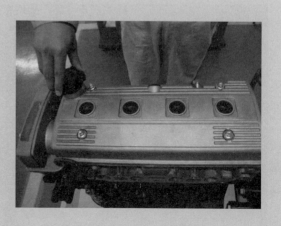

第三步 安装曲轴箱通风阀

1 清洁曲轴箱通风阀,并检查其单项导通性。

提示:
(1)检查曲轴箱通风阀体是否完好;
(2)检查其单项导通性,在工作时检查其真空度压力。

2 使用鲤鱼钳将通风阀分总成安装在规定位置。

提示:
(1)检查安装是否到位;
(2)清洁工具,并将其放回工具车。

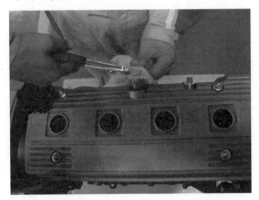

3 清洁、整理工具。

提示:
工具要清洁干净,整齐摆放在工具车上。

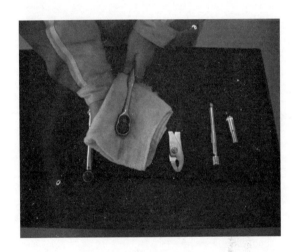

八 考核标准

考 核 标 准 表

考核时间	序号	考 核 项 目	满分	评分标准	得分
20min	1	着装规范	4分	酌情扣分	
	2	作业前整理工位	4分	酌情扣分	
	3	检查安装工具是否齐全	4分	检查不到位扣4分	
	4	检查1号汽缸是否在压缩上止点位置	6分	检查不到位扣4分	
	5	正确选取并清洁气门室罩盖	4分	操作不当扣4分	
	6	安装气门室罩盖垫片	6分	操作不当扣6分	
	7	安装气门室罩盖	8分	操作不当扣8分	
	8	安装气门室罩盖密封垫圈和紧固螺母	10分	操作不当扣10分	
	9	选用10mm套筒、短接杆、棘轮扳手	4分	工具选取不当扣4分	
	10	拧紧气门室罩盖紧固螺母	6分	操作不当扣6分	
	11	选用10mm套筒、短接杆、预调式扭力扳手	4分	工具选取不当扣4分	

续上表

考核时间	序号	考核项目	满分	评分标准	得分
20min	12	将皮带罩中罩盖紧固螺母进一步拧紧，力矩为7.8N·m	10分	操作不当扣10分	
	13	安装气门室罩加油盖	4分	操作不当扣4分	
	14	正确选取并清洁曲轴箱通风阀	4分	操作不当扣4分	
	15	安装曲轴箱通风阀	8分	操作不当扣8分	
	16	清洁整理工具	4分	未清洁整理扣4分	
	17	整理工作台	4分	未整理扣4分	
	18	安全操作	6分	跌落零件扣2分/次；损坏工具扣2分/次；扣完为止	
	19	其他		每超时1min扣2分，超时5min终止考试	
	20	遵守相关安全规范		因违规操作造成人身和设备事故的，总分按0分计	
		分数合计	100分		

人民交通出版社汽车类中职教材部分书目

书 号	书 名	作 者	定 价	出版时间	课 件
一、全国交通运输职业教育教学指导委员会规划教材　教育部中等职业教育汽车专业技能课教材					
978-7-114-12216-3	汽车文化	李青、刘新江	38.00	2017.03	有
978-7-114-12517-1	汽车定期维护	陆松波	39.00	2017.03	有
978-7-114-12170-8	汽车机械基础	何向东	37.00	2017.03	有
978-7-114-12648-2	汽车电工电子基础	陈文均	36.00	2017.03	有
978-7-114-12241-5	汽车发动机机械维修	杨建良	25.00	2017.03	有
978-7-114-12383-2	汽车传动系统维修	曾丹	22.00	2017.03	有
978-7-114-12369-6	汽车悬架、转向与制动系统维修	郭碧宝	31.00	2017.03	有
978-7-114-12371-9	汽车发动机电器与控制系统检修	姚秀驰	33.00	2017.03	有
978-7-114-12314-6	汽车车身电气设备检修	占百春	22.00	2017.03	有
978-7-114-12467-9	汽车发动机及底盘常见故障的诊断与排除	杨永先	25.00	2017.03	有
978-7-114-12428-0	汽车自动变速器维修	王健	23.00	2017.03	有
978-7-114-12225-5	汽车网络控制系统检修	毛叔平	29.00	2017.03	有
978-7-114-12193-7	新能源汽车结构与检修	陈社会	38.00	2017.03	有
978-7-114-12209-5	汽车检测与诊断技术	蒋红梅、吴国强	26.00	2017.03	有
978-7-114-12565-2	汽车检测设备的使用与维护	刘宣传、梁钢	27.00	2017.03	有
978-7-114-12374-0	汽车维修接待实务	王彦峰	30.00	2017.06	有
978-7-114-12392-4	汽车保险与理赔	荆叶平	32.00	2017.06	有
978-7-114-12177-7	汽车维修基础	杨承明	26.00	2017.03	有
978-7-114-12538-6	汽车商务礼仪	赵颖	32.00	2017.06	有
978-7-114-12442-6	汽车销售流程	李雪婷	30.00	2017.06	有
978-7-114-12488-4	汽车配件基础知识	杨二杰	20.00	2017.03	有
978-7-114-12546-1	汽车配件管理	吕琪	33.00	2017.03	有
978-7-114-12539-3	客户关系管理	喻媛	30.00	2017.06	有
978-7-114-12446-4	汽车电子商务	李晶	30.00	2017.03	有
978-7-114-13054-0	汽车使用与维护	李春生	28.00	2017.04	有
978-7-114-12382-5	机械识图	林治平	24.00	2017.03	有
978-7-114-12804-2	汽车车身电气系统拆装	张炜	35.00	2017.03	有
978-7-114-12190-6	汽车材料	陈虹	29.00	2017.03	有
978-7-114-12466-2	汽车钣金工艺	林育彬	37.00	2017.03	有
978-7-114-12286-6	汽车车身与附属设备	胡建富、马涛	22.00	2017.03	有
978-7-114-12315-3	汽车美容	赵俊山	20.00	2017.03	有
978-7-114-12144-9	汽车构造	齐忠志	39.00	2017.03	有
978-7-114-12262-0	汽车涂装基础	易建红	30.00	2017.04	有
978-7-114-13290-2	汽车美容与装潢经营	邵伟军	28.00	2017.04	有
二、中等职业教育国家规划教材					
978-7-114-12992-6	机械基础（少学时）（第二版）	刘新江、袁亮	34.00	2016.06	有
978-7-114-12872-1	汽车电控发动机构造与维修（第三版）	王囤	32.00	2016.06	有
978-7-114-12902-5	汽车发动机构造与维修（第三版）	张嫣、苏畅	35.00	2016.05	有
978-7-114-12812-7	汽车底盘构造与维修（第三版）	王家青、孟华霞、陆志琴	39.00	2016.04	有
978-7-114-12903-2	汽车电气设备构造与维修（第三版）	周建平	43.00	2016.05	有
978-7-114-12820-2	汽车自动变速器构造与维修（第三版）	周志伟、韩彦明、顾雯斌	29.00	2016.04	有
978-7-114-12845-5	汽车使用性能与检测（第三版）	杨益明、郭彬	25.00	2016.04	有
978-7-114-12684-0	汽车材料（第三版）	周燕	31.00	2016.01	有
三、教育部职业教育与成人教育司推荐教材（技能型紧缺人才培养培训教材）					
978-7-114-11700-8	汽车文化（第二版）	屠卫星	35.00	2016.05	有
978-7-114-12394-8	汽车认识实训（第二版）	宋麓明	12.00	2015.10	有
978-7-114-11544-8	汽车机械基础（第二版）	凤勇	39.00	2016.05	有
978-7-114-12395-5	钳工实训（第二版）	石德勇	15.00	2016.05	有

书 号	书 名	作 者	定 价	出版时间	课件
978-7-114-13199-8	汽车电工与电子基础（第二版）	任成尧	25.00	2016.09	有
978-7-114-08546-8	汽车电工电子基础（新编版）	张成利、张智	29.00	2016.04	有
978-7-114-08594-9	汽车发动机构造与维修（新编版）	王会、刘朝红	33.00	2016.05	有
978-7-114-09157-5	汽车发动机构造与维修习题集	邵伟军、李玉明	18.00	2016.05	
978-7-114-08560-4	汽车底盘构造与维修（新编版）	丛树林、张彬	27.00	2016.06	有
978-7-114-09160-5	汽车底盘构造与维修习题集	陈敬渊、刘常俊	25.00	2015.07	
978-7-114-08606-9	汽车电气设备构造与维修（新编版）	高元伟、吕学前	25.00	2016.06	有
978-7-114-09156-8	汽车电气设备构造与维修习题集	杜春盛、席梦轩	18.00	2015.07	
978-7-114-12242-2	汽车典型电路分析与检测	宋波舰	45.00	2015.08	有
978-7-114-11808-1	汽车典型电控系统构造与维修（第二版）	解福泉	38.00	2015.02	
978-7-114-12450-1	汽车车身电气及附属电气设备检修（第二版）	韩飒	36.00	2015.10	有
978-7-114-08603-8	汽车故障诊断技术（新编版）	戈国鹏、赵龙	22.00	2016.01	有
978-7-114-11750-3	汽车安全驾驶技术（第二版）	范立	39.00	2016.05	有
978-7-114-08749-3	汽车实用英语（新编版）	赵金明、林振江	18.00	2015.02	有
978-7-114-12871-4	汽车车身修复技术（第二版）	黄平	26.00	2015.06	
	四、职业院校汽车运用与维修专业实训教材				
978-7-114-08057-9	▲汽车发动机常见维修项目实训教材	中国汽车维修行业协会	29.00	2016.06	有
978-7-114-08030-2	▲汽车底盘常见维修项目实训教材	中国汽车维修行业协会	39.00	2015.12	有
978-7-114-08058-6	▲汽车电器常见维修项目实训教材（黑白版）	中国汽车维修行业协会	18.00	2016.06	有
978-7-114-08224-5	汽车维修常用工量具使用（黑白版）	中国汽车维修行业协会	16.00	2016.06	有
978-7-114-08464-5	汽车维修常用工量具使用（彩色版）	中国汽车维修行业协会	30.00	2016.07	有
978-7-114-09023-3	汽车钣金常见维修项目实训教材	中国汽车维修行业协会	38.00	2016.05	
978-7-114-13422-7	▲汽车喷漆常见维修项目实训教材（第二版）	中国汽车维修行业协会	40.00	2016.12	
	五、国家示范性中等职业学校重点建设专业教材				
978-7-114-08418-8	▲汽车发动机维修实训教材	朱军、汪胜国	30.00	2016.07	
978-7-114-08523-9	▲汽车发动机电控系统故障诊断实训教材	汪胜国、李东江	30.00	2016.07	
978-7-114-13597-2	▲汽车维护实训教材（第二版）	朱军、汪胜国、王瑞君	34.00	2017.04	有
978-7-114-13508-8	汽车维修基础技能实训教材（第二版）	朱军、汪胜国、陆志琴	32.00	2016.12	有
978-7-114-13854-6	▲汽车底盘和车身电器检测实训教材（第二版）	汪胜国、李东江	19.00	2017.06	
978-7-114-11101-3	汽车电器维修理实一体化教材	王成波、忻状存	32.00	2016.06	
978-7-114-11417-5	汽车底盘维修理实一体化教材	郑军强	43.00	2014.08	
978-7-114-11510-3	汽车自动变速维修理实一体化教材	杨婷	22.00	2014.09	
978-7-114-11420-5	汽车空调系统维修理实一体化教材	方作棋	20.00	2016.05	
978-7-114-11421-2	汽车发动机性能检测理实一体化教材	颜世凯	30.00	2014.09	
978-7-114-12530-0	汽车钣金理实一体化教材	林育彬	30.00	2015.11	有
978-7-114-12525-6	汽车喷漆理实一体化教材	葛建峰、叶诚昕	30.00	2015.11	有
	六、中等职业学校汽车运用与维修专业新课程教学用书				
978-7-114-10793-1	▲汽车发动机构造与拆装工作页（第二版）	武华、武剑飞	32.00	2016.06	
978-7-114-10771-9	▲汽车底盘构造与拆装工作页（第二版）	武华、何才	26.00	2016.06	
978-7-114-10719-1	汽车自动变速器维修工作页（第二版）	巫兴宏、齐忠志	21.00	2016.06	
978-7-114-10768-9	汽车发动机电器维修工作页（第二版）	林文工、李琦	24.00	2016.07	
978-7-114-10837-2	汽车发动机控制系统检测与维修工作页（第二版）	陈高路、蔡北勤	40.00	2015.08	
978-7-114-10776-4	汽车传动系统维修工作页（第二版）	邱志华、张发	24.00	2016.06	
978-7-114-10777-1	汽车制动系统维修工作页（第二版）	庞柳军、曾晖泽	24.00	2016.05	
978-7-114-10739-9	汽车空调系统维修工作页（第二版）	林志伟	28.00	2015.11	
978-7-114-10794-8	汽车悬架与转向系统维修工作页（第二版）	刘付金文、徐正国	24.00	2016.05	
978-7-114-10700-9	汽车车身电器维修工作页（第二版）	蔡北勤	24.00	2016.07	
978-7-114-10699-6	汽车发动机机械维修工作页（第二版）	刘建平、段群	25.00	2016.06	

▲为中等职业教育改革创新示范教材

咨询电话：010-85285962；010-85285977. 咨询QQ：616507284；99735898